Text:
Maria Luisa Bozzi

Illustrationen:
Stefano Maugeri

Deutsche Übersetzung:
Manuela Eder

Deutsche Erstausgabe

Bildquellennachweis

Alle Illustrationen stammen von Stefano Maugeri, mit Ausnahme jener auf den Seiten 18, 30/31, 34, 42/43, 46/47, 55, 86, 87 (Claudio Pasqualucci) und 27, 38, 39 unten, 45, 49, 58 oben, 68 links, 89 links (Studio Graffito, Mailand). Die Fotografien auf den Seiten 13 und 15 wurden mit freundlicher Genehmigung einer Broschüre des Dinosaur National Monument entnommen, jene auf den Seiten 14 und 22 stammen aus der Publikation »Dinosaurs-il mondo dei dinosauri«, Museo tridentino di Scienze Naturali, Trient, Museo Regionale di Scienze Naturali, Turin, Museo Friuliano di Storia Naturale, Udine, Naturwissenschaftliches Institut der Universität »La Sapienza«, Rom, 1991; die Fotografie auf Seite 20 stammt aus »A new look at the Dinosaurs«, National History British Museum, London, 1979; die Illustration auf Seite 23 wurde aus »Origins of Life«, C.Twist, Equinox, Oxford 1990 entnommen, die Fotografien auf Seite 36 oben und 39 stammen aus »Les fossiles«, ATP-EDES, Paris 1985, jene auf den Seiten 36/37 aus »La vita sulla Terra-storia della natura«, Rizzoli, Mailand 1979, das Foto auf Seite 37 rechts von der Bildagentur Stradella, jenes auf Seite 44 links von Garanzini, aus dem Führer des naturkundlichen Museums Mailand, 1988, jenes auf Seite 44 Mitte stammt vom Museo di Storia naturale, Mailand, das auf Seite 44 rechts aus »le piante«, Istituto Geografico De Agostini, Novara 1982, jenes auf Seite 88 aus »Le Scienze«, Mailand.

Der Herausgeber steht den Bildautoren, mit welchen er vergeblich versuchte, Kontakt aufzunehmen, in bezug auf eventuelle unbeabsichtigte Auslassungen oder Ungenauigkeiten bei der Nennung der in diesem Band reproduzierten Illustrationen zur Verfügung.

Die Welt der
DINOSAURIER

VERLEGT BEI

KAISER

Inhaltsverzeichnis

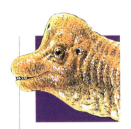

URWÄLDER UND GIGANTEN

GLANZ UND NIEDERGANG

DAS GROSSE STERBEN

Namenverzeichnis

Über diese Geschichte

Diese Geschichte handelt von sagenumwobenen Tieren, die vor langer, langer Zeit lebten. Sie könnte ebensogut, genau wie ein Märchen, mit den Worten »Es war einmal ...« beginnen.
Doch diesmal ist die Geschichte wahr. Viele hundert Wissenschaftler haben sie in minutiöser Kleinarbeit rekonstruiert. Auf den folgenden Seiten unternehmen wir eine spannende Entdeckungsreise ins Reich der Wissenschaft. Wir schauen den Forschern über die Schulter, beobachten sie bei ihren beinahe kriminalistisch anmutenden Untersuchungen und folgen ihnen auf der Suche nach Beweisen für ihre Theorien.
Wir erfahren, was Fossilien sind und in welcher Weise sie uns Auskunft über die Wesen geben, wie vor uns die Erde bevölkert haben. Wir entdecken, wie wir aus Fels- und Gebirgsformationen lesen können, daß Kontinente und Meere damals ganz anders aussahen als heute. Und wir lernen verstehen, was die Evolution mit dem Erscheinen, der langen Entwicklung und dem plötzlichen Aussterben der Dinosaurier zu tun hat.

Die Entdeckung

Dem Gesuchten auf der Spur

Zur Zeit der Dinosaurier sah unsere Erde ganz anders aus als heute. Anstelle der Kontinente, wie wir sie kennen, gab es eine einzige, große Landmasse, und die Tier- und Pflanzenwelt unterschied sich deutlich von der jetzigen. Merkwürdig still muß es gewesen sein, denn unsere gefiederten Freunde, die heute die Luft mit Vogelgezwitscher erfüllen, existierten noch nicht. Säugetiere waren selten und meist nicht größer als Mäuse. Auch die Menschen sollten erst lange Zeit nach dem Aussterben der Dinosaurier erscheinen. Daher hat kein menschliches Wesen je eine Diplodocus-Herde auf der Suche nach Weideland gesehen, oder garden Angriff eines hungrigen Tyrannosaurus erlebt. Eine solche Geschichte dennoch zu erzählen gleicht der Detektivarbeit eines Krimihelden: Es gibt keine noch lebenden Zeugen, und der Großteil der Beweise wurde im Laufe der Jahrmillionen von Wind und Wetter zerstört. Es bleiben nur wenige Indizien. Ihre Untersuchung und Deutung erfordert viel Geduld und großes Fachwissen. Wir müssen schlauer sein als Sherlock Holmes, um diesen schwierigen Fall zu lösen. Die wichtigsten Zeugen sind die Gebirge. Wer ihre Hinweise zu deuten weiß, erfährt, wie die einzelnen Berge entstanden sind und was alles um sie herum geschehen ist. Ihr Gestein birgt die Wahrheit über die Vergangenheit unseres Planeten in Form von Fossilien. »Fossil« kommt aus dem Lateinischen und bedeutet »Ausgegrabenes«. Es handelt sich dabei um versteinerte Abdrücke und Überreste von Tieren und Pflanzen aus längst vergangener Zeit. Knochen, ganze Skelette, Zähne, Fußspuren, Nester und Eier, Blätter und Samen sind auf diese Weise bis heute erhalten geblieben.

Wie ein Fossil entsteht

Wenn ein Dinosaurier stirbt
Wird der Körper eines Tieres nach seinem Tod zum Fossil, so ist das ein sehr seltenes Ereignis, das durch eine Aneinanderreihung von Zufällen eintritt. Da die Wissenschaft der Meinung ist, daß die Naturgesetze, die heute herrschen, dieselben sind wie damals, können wir davon ausgehen, daß die Dinosaurier auf die gleiche Weise und aus den gleichen Gründen den Tod fanden wie die Tiere unserer Zeit: Sie erlagen

■ Noch nie hat ein Mensch sie gesehen, und dennoch kennen wir sie: die riesigen Diplodocus-Saurier durchstreiften das Land auf der Suche nach Nahrung in Herden.

Krankheiten, verdursteten, verhungerten, fielen einem Räuber zum Opfer oder starben an Altersschwäche. Danach sorgte die Natur für die Beseitigung der sterblichen Überreste.

Das Zerstörungswerk der Natur
Meist stürzten sich sofort Aasfresser, Tiere wie die heutigen Hyänen, Geier und Schakale, auf den Kadaver und fraßen sein Fleisch. Was dann noch von Muskeln, Sehnen und inneren Organen übrig war, beseitigten Insekten und Bakterien, bis schließlich, nach wenigen Wochen, nichts als die nackten Knochen blieben. Die Einwirkung von Hitze und Kälte, Wind und Regen, der Kot und die Fußtritte vorbeiziehender Tiere taten ein übriges, und langsam löste sich auch das Skelett auf. Bereits nach zwei bis drei Jahren gab es keine Spur mehr vom einst riesigen Körper des toten Dinosauriers.

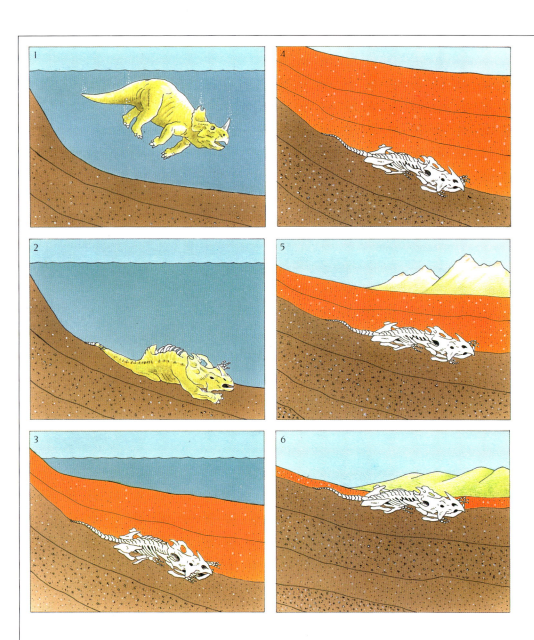

Ein Fossil entsteht

Manchmal jedoch starb ein Tier am Ufer eines Sees, an einem Meeresstrand oder in den Fluten eines über die Ufer tretenden Flusses (1).

Schlamm und Sand begrben den Kadaver völlig, sodaß Raubtiere und Aasfresser ihren Hunger nicht an ihm stillen konnten. Haut, Muskeln und innere Organe zersetzten sich mit der Zeit, doch das Skelett blieb übrig (2).

Im Laufe von Jahrtausenden verwandelte sich die Knochensubstanz und wurde langsam zu Stein. Ein Fossil ist entstanden (3)!

◾ Ein Fossil entsteht. Der Kadaver des ertrunkenen Dinosauriers sinkt ab und wird von Sedimenten bedeckt. Das Skelett versteinert schließlich, Bewegungen der Erdkruste bringen das Fossil nach Jahrmillionen ans Tageslicht.

◾ Zwei Paläontologen setzen Hammer und Meißel mit äußerster Vorsicht ein, um die versteinerten Überreste eines Dinosauriers im Dinosaur National Monument Valley im Staate Utah, USA, freizulegen.

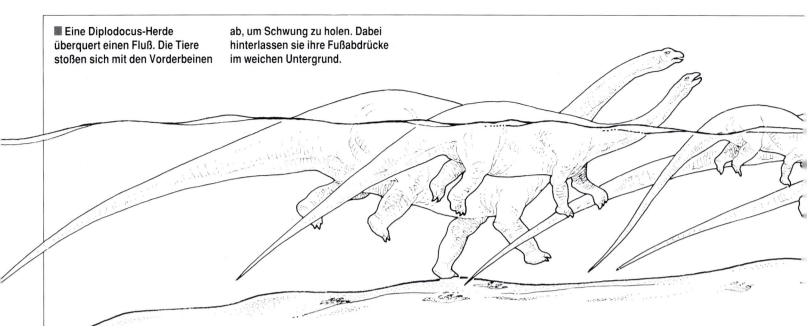

■ Eine Diplodocus-Herde überquert einen Fluß. Die Tiere stoßen sich mit den Vorderbeinen ab, um Schwung zu holen. Dabei hinterlassen sie ihre Fußabdrücke im weichen Untergrund.

Während dieser ganzen Zeit ging die Ablagerungstätigkeit, die sogenannte Sedimentation, unaufhörlich weiter. Schicht um Schicht, eine nach der anderen, kamen weitere Schlamm- und Sandlagen dazu, die nach und nach ebenfalls versteinerten. Die jüngeren, oberen Schichten lasteten schwer auf dem Fossil und drückten es immer weiter in die Tiefe (4). Erst die Hebung der Erdkruste, die auch zur Gebirgsbildung führte, brachte die alten Gesteinsschichten wieder an die Oberfläche zurück (5). Die Felsen, nun aufs neue Wind und Regen ausgesetzt, verwitterten und gaben das Fossil frei (6). Nun kommt es ganz darauf an, ob das ans Licht gekommene Zeugnis der Urzeit verfällt und endgültig verschwindet, oder ob es entdeckt und von Paläontologen und Forschern untersucht wird. In diesem Falle können wir es dann in einem Museum bestaunen und viel über längst vergangene Zeiten erfahren.

Auf der Suche nach Indizien

Die Fundorte

Um Erfolg zu haben, muß man in Sedimentgesteinen nach Fossilien suchen. Sie bestehen, wie ihr Name schon sagt, aus Sedimenten, das sind Ablagerungen einstiger Flüsse, Seen oder Ozeane. Oft handelt es sich auch um frühere Sandwüsten oder vulkanische Asche und Lava. Nur an solchen Orten war es möglich, daß ein totes Tier sofort von einer Schicht bedeckt wurde,

■ Diese Fußabdrücke hat ein pflanzenfressender Dinosaurier vor mehr als 100 Millionen Jahren an einem Meeresstrand hinterlassen. Heute ist der einstige Strand eine Felswand in den Dolomiten.

■ Ein einzelner Abdruck. Die Wissenschaftler vermessen ihn und machen oft auch einen Gipsabguß.

die Aasfresser weitgehend fernhielt und den Kadaver auch vor völliger Verwesung schützte.

Da die Kontinente früher zusammenhingen, stößt man so gut wie überall auf Dinosaurierfossilien. Die größte Fundstelle ist das Dinosaur Monument Valley im amerikanischen Bundesstaat Utah. In Italien wird man allerdings selten fündig, da die Halbinsel in dieser Form noch nicht existierte. Anstelle des bekannten Stiefels lag dort ein Archipel mit mehreren tropischen Inseln, ähnlich wie das der heutigen Malediven. Fleisch- und pflanzenfressende Dinosaurierarten

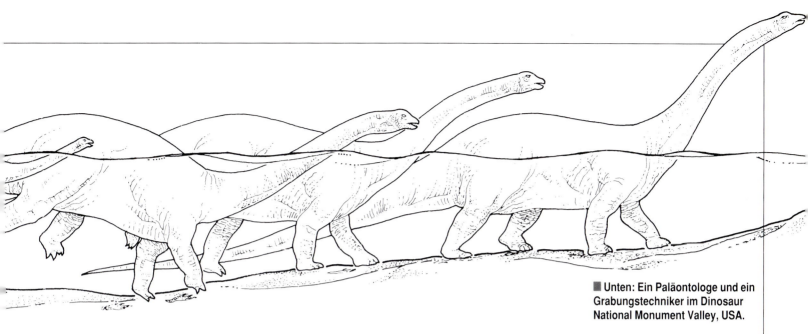

benutzten die langen Sandbänke zwischen den Inseln bei Ebbe als Brücke und hinterließen ihre Fußabdrücke, wenn sie von einer zur anderen wanderten.

Lokalaugenschein

Wenn ein Fossil, sei es nun ein Abdruck oder ein Knochen, gefunden wird, zeichnen die Grabungstechniker seine genaue Position auf. Fotografien und Zeichnungen dokumentieren den Fund. Dann wird die Fundstelle in Planquadrate eingeteilt und jedes einzelne Stück numeriert. Auf diese Weise haben die Paläontologen im Labor später alle nötigen Informationen, um den Körper des Tieres und eventuell sogar die Umstände, die zu seinem Tod geführt haben, zu rekonstruieren. Vielleicht hat ein Räuber es getötet oder es ist in den Fluten eines Hochwasser führenden Flusses ertrunken. Es könnte aber auch im Treibsand oder im Sumpf versunken sein. Und nicht nur das: Fachleute lesen aus den versteinerten Knochen sogar noch, was nach seinem Tod geschehen ist: Haben Aasfresser am Kadaver ihren Hunger gestillt, sind nämlich ihre charakteristischen

Zahnabdrücke zu sehen. Ist es von anderen, fliehenden Tieren zertrampelt worden, so erkennt man das an den zahlreichen Knochenbrüchen. Manchmal jedoch ist das Skelett intakt und in derselben Position wie im Augenblick des Todes vor Millionen von Jahren erhalten: ein stummer Zeuge einer urzeitlichen Tragödie.

Spurensicherung: Freilegung, Konservierung, Transport

Die Freilegung eines Fossils ist eine äußerst heikle Arbeit. Ein einziger falscher Handgriff könnte es für immer zerstören. In einem ersten Arbeitsgang entfernen die Grabungstechniker das umliegende Gestein vorsichtig mit Bohrer, Hammer und Meißel. Dann, wenn das wertvolle Fundstück langsam immer deutlicher hervortritt, reinigen sie es mit einem Pinsel vom Staub. Ist es endgültig aus dem Felsen befreit, erhält es eine Schutzverpackung aus feuchtem Papier und Gipsbinden. In letzter Zeit wird stattdessen oft Alufolie und Kunstharz-Hartschaum verwendet. Das Ganze kommt dann in eine Kiste, deren Hohlräume ebenfalls mit Gips oder Kunststoff ausgefüllt werden. Es muß gut gegen Schläge und Stöße geschützt werden, denn oft liegen die Fundstellen weitab von menschlichen Siedlungen, und es gibt keine richtigen Straßen. Die Fahrt ins Labor kann nun beginnen.

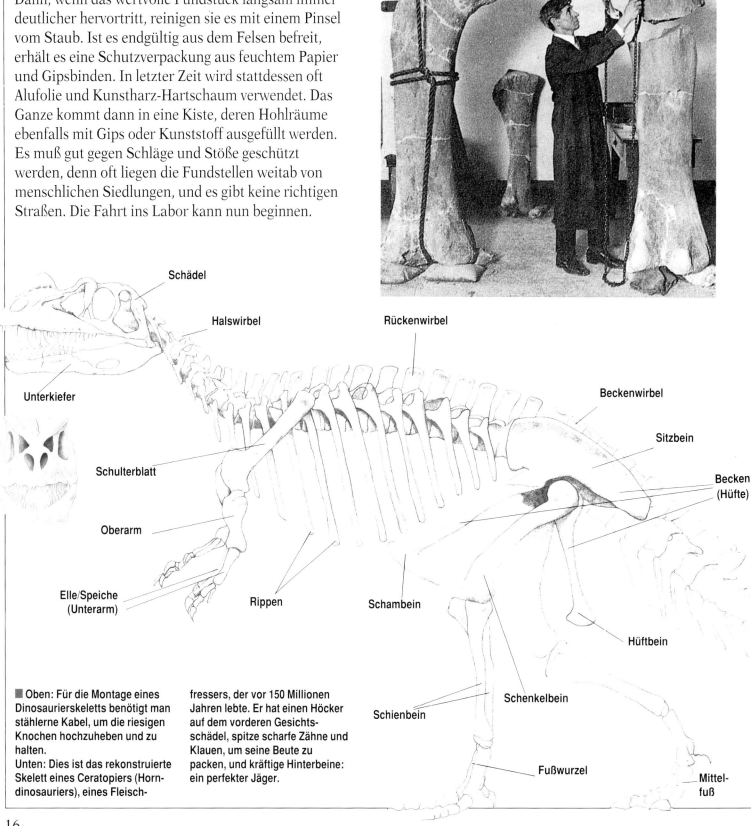

■ Oben: Für die Montage eines Dinosaurierskeletts benötigt man stählerne Kabel, um die riesigen Knochen hochzuheben und zu halten.
Unten: Dies ist das rekonstruierte Skelett eines Ceratopiers (Horn-dinosauriers), eines Fleisch-fressers, der vor 150 Millionen Jahren lebte. Er hat einen Höcker auf dem vorderen Gesichts-schädel, spitze scharfe Zähne und Klauen, um seine Beute zu packen, und kräftige Hinterbeine: ein perfekter Jäger.

Schädel
Halswirbel
Rückenwirbel
Beckenwirbel
Unterkiefer
Sitzbein
Becken (Hüfte)
Schulterblatt
Oberarm
Rippen
Elle/Speiche (Unterarm)
Schambein
Hüftbein
Schenkelbein
Schienbein
Fußwurzel
Mittelfuß

Beweisaufnahme:
Paläontologen bei der Arbeit

Die Reinigung der Fossilien

Sobald die Dinosaurierknochen im Labor ankommen, gehen die Paläontologen ans Werk. Sie befreien die Fossilien aus ihrer schützenden Verpackung und entfernen Gesteinsreste, die noch an ihnen haften. Dabei müssen sie sehr vorsichtig sein, um nichts zu beschädigen. Sie verwenden Sandstrahlgebläse, Präzisionssägen mit Diamantzähnen oder spezielle Säuren, die bestimmte Gesteinsarten auflösen können.

Beschreibung und Untersuchung

Die peinlich genau gesäuberten Knochen werden schließlich fotografiert und bis ins kleinste Detail beschrieben. Die eigentliche Detektivarbeit der Paläontologen beginnt: Jeder auch noch so kleine Anhaltspunkt, jeder Abdruck, jeder feine Riß wird genauestens untersucht, denn er könnte bedeutungsvoll sein und wertvolle Hinweise geben. Ein Fachmann weiß so manches aus einem verstaubten Knochen, der einem Laien ziemlich nichtssagend erscheinen mag, zu lesen: hier setzten die Muskeln an, dort lag eine Arterie, da die Verbindungsstelle zu einem Gelenk. Der Vergleich mit lebenden Reptilien, besonders Krokodilen, oder auch Vögeln ist oft hilfreich. Da die Wissenschaft der Meinung ist, diese beiden Tierarten seien die nächsten, heute noch lebenden Verwandten der Dinosaurier, erscheint es nur logisch, daß sie auch Ähnlichkeiten in der Anatomie aufweisen. Je nach Struktur und Form der Beine oder des Beckens kann ein Wissenschafter feststellen, ob es sich um einen Zwei- oder Vierbeiner gehandelt haben

Wirbel

Der Zahn eines Tyrannosaurus in Originalgröße. Die scharfkantigen Ränder sind an einer Seite sogar mit kleinen Sägezähnchen besetzt. Damit konnte er das Fleisch seines Opfers wie mit einem Küchenmesser zerlegen.

muß. Der Knochenbau der Beine verrät außerdem, ob das Tier ein schneller Läufer war, große Sprünge machen konnte, oder sich eher langsam fortbewegte.

Sogar den Speiseplan der einzelnen Arten kennen wir heute annähernd. An der Form der Zähne erkennt der Experte, ob es ein Fleisch- oder Pflanzenfresser war. Die Augen- und Nasenöffnungen im Schädel geben Auskunft darüber, ob das Tier einen guten Geruchssinn und scharfe Augen besaß. Manchmal,

■ Hier bauen Techniker einen ferngesteuerten Tyrannosaurus zusammen. Bald wird er sich bewegen und auch Laute von sich geben können. Aufgrund des Dinosaurierskelettes werden zuerst die Muskeln und dann die Haut rekonstruiert. So ist man in der Lage, ein ziemlich naturgetreues Modell anzufertigen.

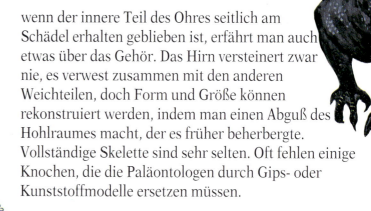

wenn der innere Teil des Ohres seitlich am Schädel erhalten geblieben ist, erfährt man auch etwas über das Gehör. Das Hirn versteinert zwar nie, es verwest zusammen mit den anderen Weichteilen, doch Form und Größe können rekonstruiert werden, indem man einen Abguß des Hohlraumes macht, der es früher beherbergte. Vollständige Skelette sind sehr selten. Oft fehlen einige Knochen, die die Paläontologen durch Gips- oder Kunststoffmodelle ersetzen müssen.

Das Phantombild

Das Skelett wird montiert

Nun kommt es darauf an, aus all den bisher erhaltenen Ergebnissen zu schließen, wie das Tier wirklich aussah. Man geht dabei von den Knochen aus, da sie das einzige sind, das tatsächlich vorhanden ist. Bei der Rekonstruktion des Skelettes arbeiten viele Spezialisten zusammen. Zuallererst sind die Paläontologen gefordert, die herausfinden müssen, wie die Knochen zusammenhängen. Wie bei einem gigantischen Puzzle geht es anfangs noch recht rätselhaft zu, um dann mehr und mehr Form anzunehmen.

Die Fossilien verraten uns viel über die Lebensweise der Dinosaurier: Horndinosaurier fielen über den riesigen Diplodocus in Rudeln her, denn für einen Jäger allein war dieser Pflanzenfresser viel zu groß.

■ Nur allzuleicht unterläuft einem bei der Rekonstruktion eines Dinosauriers ein Fehler. So stellte man sich einen *Iguanodon* noch 1860 vor: auf allen vier Beinen und mit einem Horn auf der Nase.

Ein schwieriges Unterfangen

Oft stoßen die Paläontologen bei der Rekonstruktion eines solchen Urzeitgiganten auf unerwartete Probleme, weil manche Tiere charakteristische Merkmale hatten, die in der heutigen Fauna unbekannt sind. So stellte zum Beispiel die Daumenklaue des *Iguanodon* die Wissenschaft lange Zeit vor ein Rätsel. Sie sah aus wie ein Horn, und da man zuallererst nur wenige Knochen dieser Dinosaurierart gefunden hatte, glaubte man, sie wäre vorne auf der Nase plaziert gewesen. Erst als man ein vollständiges Skelett entdeckte, fand man heraus, daß es sich um eine besonders große Klaue an den Daumen handelt, die der *Iguanodon* als Waffe benutzte.

Ein Dinosauriermodell

Ausgehend vom Skelett errechnen die Forscher Länge und Körperhöhe des Tieres. Um zu veranschaulichen, wie es lebend ausgesehen hat, muß ein Modell hergestellt werden. Hier nehmen die Paläontologen die Hilfe technischer Zeichner in Anspruch. Zuerst stellen sie ein verkleinertes Skelett her und rekonstruieren die Muskeln. Dann wird das Ganze noch mit einer Haut überzogen. Wie diese beschaffen war, wissen wir aus fossilen Hautabdrücken einiger Dinosaurierarten.

Die Wahl der Farbgebung
Nun geht es an die Färbung der Haut. Ein schwieriges Problem, denn die ursprüngliche Farbe bleibt in Fossilien nicht erhalten. Techniker und Wissenschafter müssen ihre Fantasie einsetzen. Reptilien und Vögel, die nächsten noch lebenden Verwandten der Dinosaurier, sind meist farbenprächtig und bunt. Außerdem hat die Farbe im Tierreich immer eine wichtige Funktion: Sie kann ein Weibchen anlocken, einen Feind abschrecken, bei der Revierabgrenzung helfen, einen Rang in der sozialen Ordnung eines Rudels anzeigen oder auch als Tarnung wirken und Feinde täuschen. So gesehen ist es ziemlich wahrscheinlich, daß auch die Dinosaurierhaut kräftige, bunte Farben zeigte.

■ Und so sieht er heute aus: er läuft aufgerichtet auf den zwei Hinterbeinen und sein Horn ist in Wirklichkeit eine große Kralle an den Daumen, wie wir durch neue Skelettfunde wissen.

■ Der Vergleich mit noch lebenden Tieren liefert wichtige Hinweise. Dieser Galapagos-Leguan beispielsweise, ein Pflanzenfresser, hat ein ähnliches Gebiß wie der *Iguanodon*.
Unten: Diese Agame aus Tansania zeigt die prächtige Färbung des dominanten Männchens. Wahrscheinlich waren die Dinosaurier ähnlich auffallend gefärbt.
Ganz unten: Fossiler Hautabdruck eines Dinosauriers.

Die Fußabdrücke eines Pflanzenfressers in Lavini di Marco bei Rovereto. Aus der Beschaffenheit der Fährte kann man schließen, welches Tier sie hinterlassen hat, ob es sich auf zwei oder vier Beinen fortbewegte, wieviel es wog und wie schnell es war.

Die Berechnung von Gewicht und Größe

Wollen wir nun das Gewicht unseres Dinosauriers berechnen, versenken wir das fertiggestellte Modell in einen mit Wasser gefüllten Behälter. Die Wasserverdrängung ergibt sein Volumen. Aufgrund dieses Ergebnisses können wir das Gewicht des lebenden Tieres ermitteln.

Die Formel ist ganz einfach: Das Volumen wird mit dem spezifischen Gewicht der heutigen Reptilien (0,9) multipliziert, und schon erhält man das vermutliche Lebendgewicht des Tieres. Die Arbeit der Wissenschaftler ist somit abgeschlossen, der Dinosaurier ist rekonstruiert, so, wie er vor Millionen von Jahren ausgesehen haben mag, freilich in Form eines verkleinerten Modells.

Fossile Fußspuren und Gelege

Spuren im Sand

Wann immer ein Dinosaurier am Ufer eines Flusses, im seichten Wasser einer Lagune oder an einem Sandstrand umherstreifte, wenn er an einem Teich trinken oder bei Ebbe das Wasser erreichen wollte, hinterließ er im feuchten, weichen Grund seine Fußabdrücke. Doch nicht für lange: Wind, Regen und Flut zerstörten sie meist schon nach kurzer Zeit. Doch manchmal trockneten sie ein und füllten sich später mit neuem, weichem Schlamm oder Sand. Wie bei den Knochen lagerte sich auch hier schichtweise neuer Sand, Schlamm oder Lehm über den Abdrücken ab. Langsam versteinerten die Schichten und versanken in den Tiefen, um nach Jahrmillionen, bei der Gebirgsbildung, wieder an die Oberfläche zu gelangen. Viele tausend Dinosaurierfußabdrücke hat man bisher überall auf der Welt, von Amerika bis Afrika, von Asien bis Europa, in den Gebirgen gefunden. Es ist nicht immer genau festzustellen, von welcher Art sie stammen. Doch meist kann man sie wenigstens einer Hauptgruppe zuordnen. Man unterscheidet die fünfzehigen Abdrücke der großen Pflanzenfresser und die dreizehigen der Fleischfresser, die jenen der heutigen Vögel verblüffend ähnlich sind.

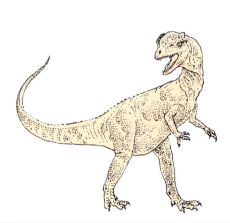

■ Fleischfressende Dinosaurier liefen aufrecht auf zwei Beinen. Ihre Fußspuren sind dreizehig wie die der heutigen Vögel.

■ Versteinerte Spuren beweisen, daß der Diplodocus in Herden durch das Land zog. Die ausgewachsenen Tiere nahmen ihre Jungen in die Mitte, um sie gegen eventuelle Angreifer zu schützen. Das war auch nötig: Oft genug lauerten ihnen fleischfressende Raubsaurier auf.

Was ein Fußabdruck verrät

Geübte Spurenleser können vieles aus einer Dinosaurierfährte erfahren. Die Tiefe der Abdrücke gibt Auskunft über das Gewicht des Tieres, die Geschwindigkeit ergibt sich aus den Abständen zwischen den einzelnen Fußspuren. Sind nur Abdrücke der Hinterbeine vorhanden, bewegte sich das Tier aufrecht auf zwei Beinen vorwärts, findet man jedoch auch die der vorderen Gliedmaßen, lief es auf allen vieren. Eine durchgehende Furche zwischen den Fußspuren weist darauf hin, daß der Schwanz am Boden nachgezogen wurde.

Eine interessante Entdeckung sind auch mehrere Spuren, die in dieselbe Richtung führen, weil sich daraus Schlüsse auf das soziale Verhalten der Tiere ziehen lassen. Pflanzenfresser zum Beispiel zogen oft in Herden durch das Land. Große Fußabdrücke, die vermehrt an den Rändern auftreten, während sich die kleineren in der Mitte häufen, verraten, daß die erwachsenen Tiere auf diese Art und Weise ihre Jungen schützten. Oft sind Spuren von Pflanzenfressern im Bereich früherer Wasserstellen von dreizehigen Raubsaurierabdrücken überlagert. Wahrscheinlich lauerten die Fleischfresser dort, genau wie heute Löwen und Geparden, bis der Durst ihre Beutetiere zu den Teichen trieb.

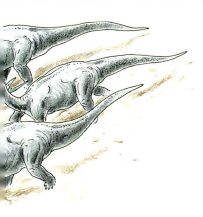

■ Ein fossiles Dinosaurier-gelege wie dieses, mit noch intakten Eiern, liefert zahlreiche wertvolle Informationen.

Wo Dinosaurier Nester bauten

Zahlreiche Dinosauriergelege haben Forscher und Grabungstechniker bis heute freigelegt. Man hat sie mikroskopisch untersucht, um herauszufinden, wie ihre Schale gebaut ist. Winzig kleine Saurierembryonen, die nie das Licht der Welt erblickt haben, wurden in ihrem Inneren entdeckt. Auch die Art, wie das Nest gebaut war, ist sehr aufschlußreich: waren die Eier im Sand vergraben, wurden sie von der Sonne ausgebrütet und die Mutter ließ das Gelege allein. Welche Eierschale würde schon dem Gewicht eines brütenden Dinosaurierweibchens standhalten? Manche legten ihre Eier auch in einer Grube ab und bedeckten sie mit Zweigen und Blättern. So waren sie gut getarnt, und die verrottenden Blätter erzeugten zusätzliche Brutwärme. Nach dem Schlüpfen wurden sie wahrscheinlich von den Eltern versorgt.

Was ist eigentlich ein Dinosaurier?

Ein vierbeiniges, eierlegendes Wirbeltier
Wir haben nun schon soviel über die Dinosaurier gelernt, daß wir sagen können, was sie eigentlich für Tiere waren. Sie hatten eine Wirbelsäule und gehören daher zu den Wirbeltieren, wie auch Fische, Amphibien, Reptilien, Vögel und Säugetiere.
Sie hatten zwei Paar Gliedmaßen, die in einer Weise mit der Wirbelsäule verbunden waren, die typisch für landlebende Tiere ist. Daher kann man sie als klassische Vierbeiner bezeichnen. Sie pflanzten sich fort, indem sie Eier mit Schale legten, in welchen die Embryonen in einem Dottersack heranwuchsen, der alle zu ihrem Wachstum nötigen Nährstoffe in Form einer zähen Flüssigkeit enthielt. Das sind im großen und ganzen ihre Hauptcharakteristika.

Reptilien mit Säulenbeinen
Außerdem gehörten die »Schrecklichen Echsen« – so lautet die Übersetzung ihres Namens – zu den Reptilien. Sie weisen die gleiche, typische Skelett- und Schädelstruktur auf wie Krokodile oder Eidechsen. Man kann sie dagegen sehr schwer mit Säugern, wie zum Beispiel einer Katze, oder Amphibien – man denke nur an die Frösche – vergleichen. Dennoch hatten sie etwas mit den Säugetieren gemeinsam, etwas, das sie zu hochspezialisierten Vertretern ihrer Klasse machte. Wenn man beobachtet, wie ein Krokodil am Boden entlangkriecht und seinen Körper kaum vom Boden heben kann, bemerkt man den Unterschied sofort: Während alle anderen Reptilien krumme, seitlich abstehende Beine haben, verlaufen die der Dinosaurier gerade unter ihrem Körper, wie etwa bei einem Pferd. Wie Säulen können sie das Gewicht des Tieres tragen. So waren die Dinosaurier die ersten Lebewesen auf Erden, die richtig laufen und springen konnten, kurz die ersten gut für das Leben zu Lande ausgerüsteten Reptilien.

Ein innovatives Konzept
Die säulenartig unter dem Körper stehenden Beine stellten eine höchst erfolgversprechende Neuentwicklung dar. Sie waren in der Lage, das Gewicht des Tieres zu tragen, auch wenn es sehr groß war. Außerdem konnten die Dinosaurier durch sie aufgerichtet laufen – mit kleinen, krummen Krokodilbeinen eine Unmöglichkeit. Die Evolution machte auf diese Weise möglich, daß sich pflanzenfressende Arten entwickelten, die mehr wogen als fünf Elefanten zusammen und die Höhe eines vierstöckigen Hauses erreichten. Die Fleischfresser nützten die neuen Möglichkeiten auf ihre Weise: aufrecht auf den zwei Hinterbeinen waren sie auf der Jagd schneller und hatten die vorderen Gliedmaßen frei, um ihre Beutetiere zu packen und festzuhalten. Die Säulenbeine scheinen tatsächlich das Erfolgsgeheimnis der Dinosaurier zu sein.

Zwei Hauptgruppen

Mit der Entwicklung der gerade unter dem Körper stehenden Beine ging noch eine weitere Veränderung am Skelett der Dinosaurier Hand in Hand.

■ Dank ihrer typischen Säulenbeine konnten die Dinosaurier den Körper vom Boden heben und richtig laufen. Mit der Zeit entwickelten manche von ihnen gigantische Dimensionen.

In Beckenhöhe, dort, wo die Beine ansetzten, wuchsen fünf Wirbel zu einem einzigen Knochen zusammen. Dadurch wurde ihre Wirbelsäule stabiler und konnte das oft enorme Körpergewicht besser tragen.
An der Form des Beckens unterscheiden Fachleute

■ Unsere heutigen Reptilien haben, wie dieses Krokodil, seitlich abstehende, gekrümmte Beine. Auf diese Weise können sie ihren Körper nie richtig vom Boden heben, ihre Fortbewegung bleibt ein Kriechen.

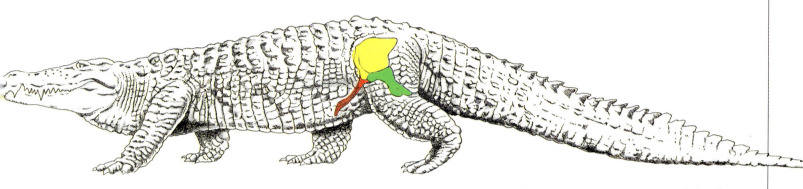

zwei Hauptgruppen: das Merkmal der Ornithischier oder Vogelbecken-Dinosaurier ist das parallel neben dem Schambein liegende Sitzbein, das leicht abfallend nach hinten weist. Bei den Saurischiern, auch Echsenbecken-Dinosaurier genannt, verläuft das Schambein nach vorne unten, während das Sitzbein nach hinten zeigt.

Saurischier
Alle fleischfressenden Arten sind Saurischier. Sie liefen auf ihren zwei Hinterbeinen, die vorderen Gliedmaßen benutzten sie als Arme, zum Packen und Festhalten der Beute.
Manche waren ziemlich groß, wie zum Beispiel der berüchtigte Tyrannosaurus, doch es gab auch zahlreiche kleinere Räuber. Flink und wendig wie sie waren, hatten sie viel Erfolg auf der Jagd. Doch nicht nur Fleischfresser, auch die riesigen Sauropoden, die Größten unter den Pflanzenfressern, gehören zu den Echsenbecken-Dinosauriern. Der Diplodocus ist einer ihrer typischen Vertreter.

Ornithischier
Die Vogelbecken-Dinosaurier sind samt und sonders Pflanzenfresser. Manche trugen scharfe Krallen oder Hörner zur Verteidigung, wie der dreigehörnte Triceratops.

Wie waren die Dinosaurier wirklich

Zu Unrecht galten die Dinosaurier lange als riesige, schwerfällige Ungeheuer, die in Meeresbuchten und Höhlen unter Wasser lebten. Heute wissen wir es besser: Es gab zahlreiche verschiedene Arten, darunter einige von gewaltigen Dimensionen, aber auch solche, die nicht größer waren als ein Huhn. Erwiesen ist schließlich, daß die Dinosaurier nicht im Wasser lebten.

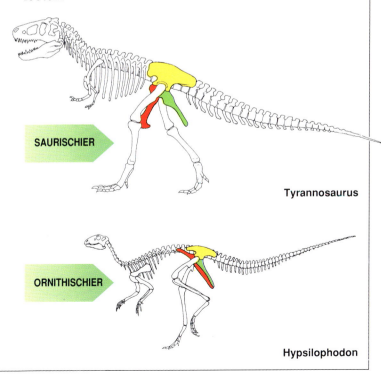

SAURISCHIER

Tyrannosaurus

ORNITHISCHIER

Hypsilophodon

27

Vor den Dinosauriern

Die Evolution

Ordnet man sämtliche bisher gefundenen Fossilien chronologisch, das heißt ihrem Alter nach, erzählen sie die Geschichte einer langen Reihe von Pflanzen und Tieren, die auf Erden erschienen sind, eine Weile existiert haben und dann wieder verschwanden. Ihren Platz nahmen neue, weiterentwickelte Arten ein. Auch den Dinosauriern ist es so ergangen.

Charles Darwin
Noch im letzten Jahrhundert rätselte man über die Gründe für dieses ständige Aussterben und Neuentwickeln. Der erste, der eine Erklärung fand, war Charles Darwin, ein englischer Wissenschaftler. Seine Evolutionstheorie, die er 1859 aufstellte, ist heute allgemein anerkannt und wissenschaftlich erwiesen.

Alle Lebewesen sind verschieden
Darwin ging davon aus, daß zwei Lebewesen einander nie ganz gleichen, selbst wenn sie derselben Spezies angehören. Wir Menschen zum Beispiel sind alle Vertreter des *Homo sapiens sapiens.* Dennoch ist keiner wie der andere. Wir unterscheiden uns durch Augen-, Haut- und Haarfarbe, Körperbau und -größe, Herzrhythmus, Blutdruck und so fort. Sogar die Margeriten auf einer Wiese, alles *Leucanthemum vulgare*, sehen nur scheinbar gleich aus: die Form und die Anzahl der Blütenblätter, die Länge des Stieles und die Stärke der Blätter sind individuell verschieden.

Natürliche Auslese
Gerade weil alle Lebewesen so verschieden sind, reagieren sie auch auf verschiedene Art und Weise auf die in der Natur herrschenden Bedingungen. Nur wenige finden einen geeigneten Lebensraum und ausreichend Nahrung. Noch weniger schaffen es, nicht von Raubtieren gefressen zu werden, und nur einige von ihnen finden einen Partner, können sich paaren und fortpflanzen. Die goldene Regel lautet: Wer gut an seine Umgebung angepaßt ist, überlebt, alle anderen bleiben ohne Nachkommen und sterben schließlich aus. So funktioniert die natürliche Auslese. Die Natur trifft eine Auswahl, die nur die Stärksten und Besten ihr Erbgut weitergeben läßt. Die Umwelt ist ständig in Bewegung, es gibt dauernd Veränderungen: Das Klima wird trockener oder kühler, ein Fluß ändert seinen Lauf, ein Tal entsteht wo vorher ein Hügel war, das Meer überflutet ein Stück Land. Manchmal verschwindet auch eine bestimmte Art von Nahrung, oder es tauchen neue Raubtierarten auf. Wenn sich die Umweltbedingungen ändern, sind oft jene, die sich am meisten von der Masse unterscheiden, die einzigen, die überleben. Sie vererben diese besonderen Kennzeichen

an ihre Nachkommen. Im Laufe von Hunderten, oft Tausenden von Generationen wird die Andersartigkeit verstärkt und führt zur Entwicklung einer noch nie dagewesenen Tierart: eine neue Spezies ist geboren!

Entwicklung durch Anpassung
Laut Charles Darwin sind alle heute existierenden Pflanzen- und Tierarten auf diese Weise entstanden.

29

Samt und sonders stammen sie von den Urlebewesen, den Protozoen, ab. Langsam und allmählich paßten sie sich an die ständig wechselnden Bedingungen an. So haben im Laufe der Zeit immer neue Arten den Platz jener eingenommen, die die Veränderungen nicht überlebten, weil sie nicht schnell genug auf die neue Umwelt reagieren konnten. Die Geschichte der Dinosaurier wird erst durch die Evolutionstheorie so richtig verständlich, denn durch sie können wir nachvollziehen und beobachten, wie sie sich entwickelt haben. Ihr langes, erfolgreiches Erdendasein war das Resultat immer perfekterer Einstellung auf ihren Lebensraum. Und schließlich hilft uns die Evolutionstheorie auch, mögliche Gründe für das Aussterben dieser außerordentlich artenreichen Spezies zu finden.

Der Lebenskalender

Naturgeschichte, in den Felsen geschrieben
Die in den Gesteinsschichten verborgenen Fossilien gleichen einer geheimen Schrift: Nur wenige Fachleute können sie entziffern. Die Erdkundler, auch Geologen genannt, und die Paläontologen, die die Pflanzen- und Tierwelt vergangener Zeitalter er- forschen, geben uns mit ihrer Hilfe Antwort auf viele Fragen: Wie sah die Erde aus, als das versteinerte Tier lebte, wie war das Klima, wie Flora und Fauna? Außerdem sind die Wissenschaftler in der Lage, mit einiger Genauigkeit zu bestimmen, wie lange der Fund schon in seinem steinernen Grab ruht, denn viele Felsen enthalten eine Art Uhr, das Uran. Uran verwandelt sich im Laufe eines sehr langen Zeitraumes in Blei. So können wir heute messen, wieviel Blei vorhanden und wieviel Uran noch übrig ist und daraus auf das Alter einer bestimmten Gesteinsschicht schließen. Man hat auf diese Weise berechnet, daß es seit etwa 3,5

Milliarden Jahren Leben auf der Erde gibt. Die Dinosaurier erschienen vor ca. 220 Millionen Jahren. Solche Zahlen sind gigantisch, und wir Menschen können uns nur schwer einen solchen Zeitraum vorstellen. Unser Leben dauert nur ein paar Jahrzehnte, und selbst wenn wir fast hundert Jahre alt werden, ist es doch nicht mehr als ein Augenblick im Vergleich zu den enormen Zeiträumen in der Erdgeschichte. Zehn lange Menschenleben sind noch nicht einmal ein Jahrtausend, eine Million Jahre bedeuten mehr als zehntausend Menschenleben, ganz zu schweigen von einer Milliarde, die zehn Millionen mal hundert Jahre lang ist.

Die Geschichte des Lebens in einem Jahr
Um ein wenig anschaulicher darzustellen, wie sich die Erde und die Lebewesen, die sie bewohnen, entwickelt haben, wollen wir die Geschichte des Lebens auf ein Jahr konzentriert darstellen. Stellen wir uns vor, alles hätte am 1. Jänner, um 0.00 Uhr begonnen und heute, genau jetzt, hätten wir den 31. Dezember, Mitternacht. In einem solchen Kalender entspricht ein Tag dem

■ In unserem Lebenskalender erscheint der Mensch erst in der letzten Viertelstunde des 31. Dezember.

■ Hier sehen wir eine graphische Darstellung der Geschichte des Lebens auf der Erde. Sowohl die Dinosaurier als auch der Mensch tauchen erst im Monat Dezember auf.

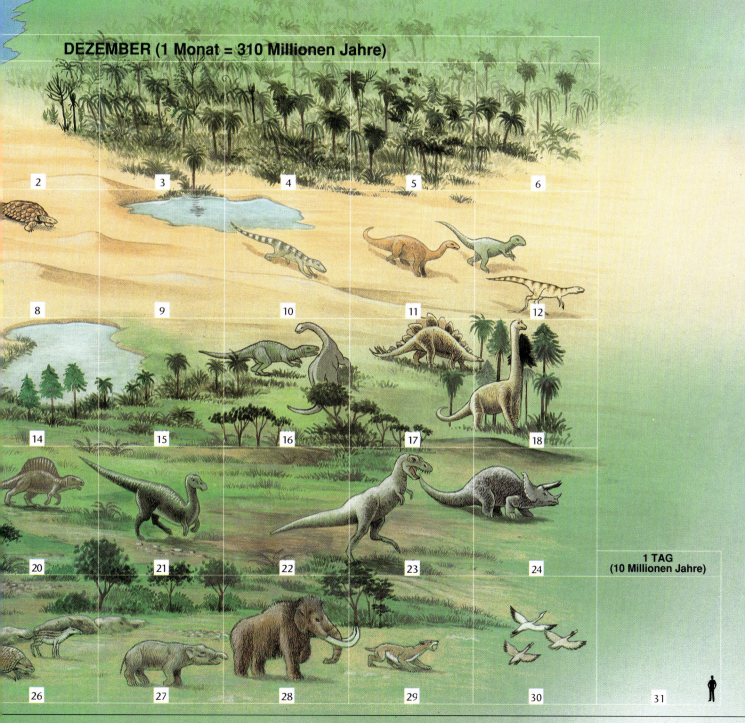

DEZEMBER (1 Monat = 310 Millionen Jahre)

1 TAG
(10 Millionen Jahre)

Zeitraum von 10 Millionen Jahren. Bis zum August unseres Jahres gab es das Leben auf der Erde nur in ganz primitiver Form: Mikroorganismen, die den heutigen Bakterien sehr ähnlich waren, bewohnten die Meere. Im September erschienen die ersten Einzeller. Bis zu diesem Zeitpunkt spielte sich das Leben einzig und allein in den Meeren ab. Ende November begannen die ersten Lebewesen das Festland zu erobern. Am 10. Dezember schließlich war es soweit: die Geschichte der Dinosaurier begann. Sie beherrschten die Erde bis zum 25. Dezember, dem Tag ihres Aussterbens. In den letzten sechs Tagen unseres Jahres verbreiteten sich Vögel und Säugetiere. Und erst vor einer Viertelstunde, um 11.45 am 31. Dezember, erschien der moderne Mensch, *Homo sapiens sapiens*.

■ Die ersten Einzeller entstehen Anfang September. Höchstwahrscheinlich glichen sie diesen hier, die bis heute in unseren Meeren vorkommen.

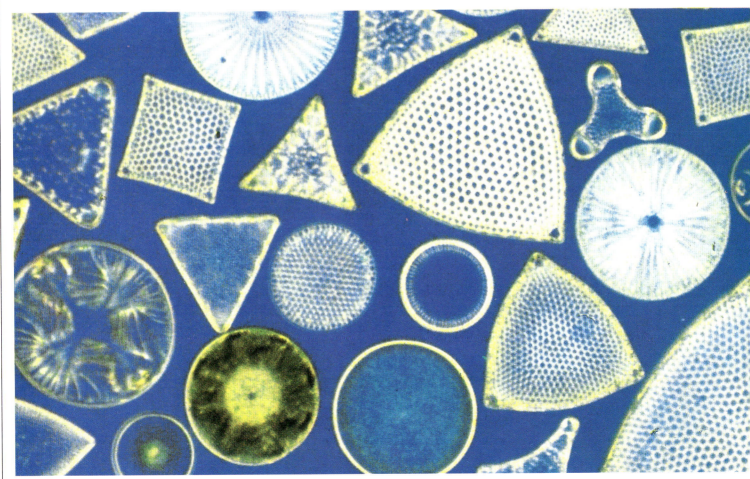

Die Atmosphäre, in der die ersten organischen Stoffe entstanden, war energiegeladen: Blitze erhellten den Himmel immer wieder und schlugen auf der Erde ein.

Am Anfang waren die Bakterien

Die Ur-Erde

Am 1. Jänner unserer speziellen Zeitrechnung war die Erde ein unwirtlicher Ort. Wie die Kontinente aussahen und wieviel Festland es überhaupt gab, wissen wir nicht genau. In den Meeren herrschten relativ hohe Temperaturen, doch die Atmosphäre hätte uns keine Überlebenschance gegeben: Sauerstoff gab es keinen, stattdessen erfüllten Wasserstoff, Stickstoff, Methan und Kohlenmonoxid die Luft. Die schädliche, ultraviolette Strahlung der Sonne konnte ungehindert bis auf die Erdoberfläche durchdringen, denn unser Planet besaß noch keine Ozonschicht, die sie gefiltert hätte. Zahlreiche Blitze fuhren immer wieder auf Festland und Ozean herab. Der einzige Ort, wo das Leben einigermaßen möglich war, befand sich in den Tiefen und den stillen Buchten der warmen Ozeane.

1. Jänner: Das erste Leben

Am ersten Jänner begann sich das Leben in der Atmosphäre zu regen: Erste organische Stoffe bildeten sich. Der Regen trug sie in die Meere, wo sie sich im ruhigen, warmen Wasser einiger Buchten sammelten und immer dichtere Tröpfchen bildeten. Die ersten

Lebewesen, die durch diesen Prozeß entstanden waren, sahen aus wie die heutigen Bakterien und waren Mikroorganismen. Man hat sie in fossiler Form in drei Milliarden Jahren alten Felsen gefunden. In den warmen Meeren vermehrten sie sich. Bis zum August sollten sie die einzigen Bewohner des Planeten Erde bleiben. Die wichtigsten Lebensvorgänge entstanden auf dieses Weise.

15. Jänner: Die Photosynthese

Manche Mikroorganismen, die Blaualgen, begannen Mitte Jänner, die Sonnenenergie zur Nahrungsaufbereitung zu nutzen, wie es die Pflanzen heute noch tun. So entstand die Photosynthese. Während dieses Prozesses wurde Sauerstoff produziert, der sich allmählich in der Atmosphäre ansammelte. In den obersten Schichten konzentrierte er sich zur sogenannten Ozonschicht. Das Ozon ist eigentlich eine Abart des Sauerstoffs. Die ersten Mikroorganismen legten mit der Photosynthese den Grundstein für das Leben auf dem Festland. Ohne die Ozonschicht wäre die Sonneneinstrahlung viel zu stark, besonders die ultravioletten Strahlen würden jegliches Leben zerstören. Doch noch ist es nicht soweit, die Ozonschicht und der Sauerstoff in der Atmosphäre sollten noch lange Zeit brauchen, bis die richtige Konzentration für das Leben außerhalb der Ozeane erreicht war.

15. August: Die Atmung

Immer noch waren die Meere der einzige Ort, wo es Leben gab. Doch schon fand eine neue Revolution statt: Mitte August, vor etwa 1,3 Milliarden Jahren, begannen einige Bakterien, Sauerstoff zu atmen, die Grundvoraussetzung für das Überleben außerhalb der Meere. Ein weiterer Riesenschritt in der Entwicklung war getan, und noch heute hängt alles Leben auf der Erde von diesen beiden Mechanismen ab.

1. September: Die Zelle

Anfang September, vor mehr als einer Milliarde Jahren, erschienen Organismen, die zwar noch

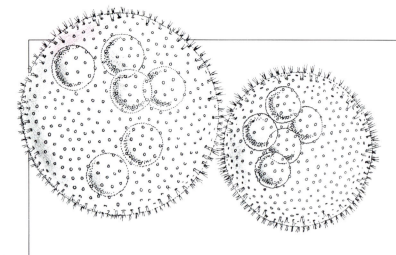

mikroskopisch klein waren, doch bereits aus einer Zelle bestanden. Die ersten Einzeller glichen jenen, die heute noch im Meer- und Süßwasser vorkommen. Die Zelle ist der kleinste Baustein eines Lebewesens. Ihr Entstehen stellte einen weiteren Meilenstein in der Entwicklung des Lebens dar.

20. Oktober: Schwämme, Polypen und Korallen
Am 20. Oktober, vor ca. 720 Millionen Jahren, vereinten sich zum erstenmal mehrere Zellen zu einem größeren Organismus. Die verschiedenen Aufgaben wurden aufgeteilt: die einen waren für Fortbewegung zuständig, die anderen spezialisierten sich auf Nahrungsaufnahme und Verdauung, wieder andere zeichneten für die Fortpflanzung verantwortlich. Erstmals gab es Lebewesen mit einem komplexen Aufbau, die eine gewisse Größe erreichten. Die ersten mehrzelligen Tiere, die Vorfahren der Schwämme und Korallen, entstanden Ende Oktober.

■ Oben: Hier sehen wir eine Meeralge, *Volvox* genannt. Sie besteht aus nur einer Zelle, doch sie hat die Angewohnheit, sich zu Tausenden zu vereinen und eine kugelförmige Kolonie zu bilden. Die ersten mehrzelligen Organismen könnten genauso ausgesehen haben.

■ Unten links: Dieser mikroskopisch kleine Einzeller namens *Vorticella* hält sich mittels eines zarten, dünnen Stengels am Meeresgrund fest. Rechts: Die Quallen gehörten zu den ersten mehrzelligen Organismen in der Geschichte des Lebens auf der Erde.

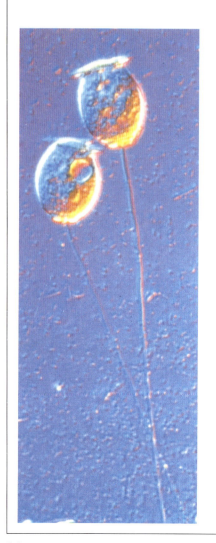

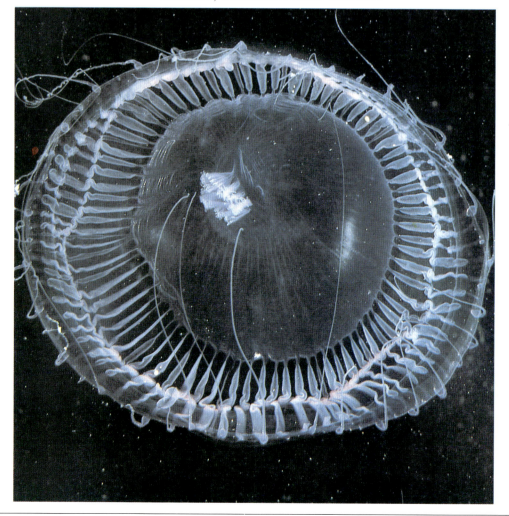

Das Meer füllt sich mit Leben: eine Vielfalt an Pflanzen und Tieren

4. November: Triumph des Lebens
Anfang November wimmelte es in den Meeren bereits von den verschiedensten Lebewesen. Es gab Tiere unterschiedlichster Größe, und auch die Pflanzen wuchsen zusehends, besonders häufig waren lange, grüne, lanzenförmige Algen, eine wichtige Nahrungsquelle für viele Pflanzenfresser. Diese wiederum dienten den Fleischfressern als Futter, und damit sie nicht alle mitsamt ihrer Nachkommenschaft gefressen wurden, entwickelten sie einen Schutz, der ihnen helfen sollte, zu überleben: Primitive Schalentiere, die Vorfahren der heutigen Muscheln, sind so entstanden. Die Trilobiten, die ersten Gliederfüßer, Urahnen der Spinnen, Skorpione und Insekten, schützten sich ebenfalls: sie trugen einen Panzer.

Es gab damals auch schon zahlreiche, stachelige Ur-Seeigel und Seesterne.

20. November: Die ersten Wirbeltiere
Ein Teil der damaligen Lebewesen entwickelte eine Besonderheit, die wir Menschen heute noch mit Fischen, Amphibien, Reptilien und Vögeln gemeinsam haben: ein von einer Wirbelsäule gestütztes, festes Skelett. Die ersten Wirbeltiere erschienen am 20. November, vor 410 Millionen Jahren. Das Skelett machte die neue Tierart beweglicher, gelenkiger und schneller als alle, die bisher entstanden waren. Das war auch nötig, gab es doch damals ein paar schreckliche Räuber: Seeskorpione, die etwa 20mal die Länge eines heutigen Skorpions erreichten. Sollte man trotz aller Schnelligkeit ihren Weg kreuzen, brauchte man einen guten Schutz: die ersten Wirbeltiere, die wie Fische ohne Kiefer und Flossen aussahen, waren über und über mit knöchernen Schuppen bedeckt.

■ Auch sie lebten am Meeresgrund: die Trilobiten, die direkten Vorfahren der Insekten, Spinnen- und Krebstiere. Rechts: Die Ammoniten, wegen ihrer typisch gedrehten Schale auch Ammonshörner genannt, waren Urahnen unserer Muscheln und Schnecken.

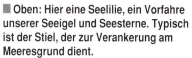 Oben: Hier eine Seelilie, ein Vorfahre unserer Seeigel und Seesterne. Typisch ist der Stiel, der zur Verankerung am Meeresgrund dient.

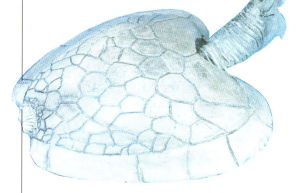

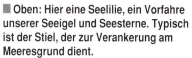 Dieses Fossil war vor 400 Millionen Jahren ein Chordatier, eine heute ausgestorbene Übergangsform von den Ur-Seeigeln zu den Knochenfischen.

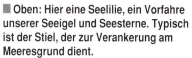 Rechts: Das Fossil eines primitiven Fisches mit gepanzertem Kopf.

21. November: Die Fische

21. November: Die Fische

Aus diesem noch sehr primitiven Knochenfisch entwickelten sich sodann die Fische, mit Flossen und zahnbewehrten Kiefern, ganz, wie sie heute noch aussehen. Als die großen Wasserskorpione ausstarben, folgten ihnen die Fische auf den Thron: Sie waren die neuen Könige der Meere. Dies geschah am 21. November, vor 400 Millionen Jahren.

Algen, Spinnentiere und Skorpione erobern das Festland

19. November: Die Algen stranden

Doch nicht nur in den Meeren, auch auf dem Festland begann sich einiges zu regen: Durch die Photosynthese der Algen hatte der Planet eine Atmosphäre bekommen, in der man atmen konnte, es gab aus-reichend Sauerstoff und die Zusammensetzung der Luft ähnelte bereits der heutigen. Die Ozonschicht hielt die schädlichen ultravioletten Strahlen der Sonne fern, und so war das Festland endlich zu einem einladenden Ort geworden. Die ersten Pflanzen, die dorthin übersiedelten, taten es zuerst nur vereinzelt und zeitweilig.

Am 19. November kamen die Algen an die Meeresstrände und lebten in der Brandungszone. Sie konnten noch nicht wirklich auf dem Trockenen existieren und mußten in der Nähe des Wassers bleiben. Aus ihnen entstanden dann die Moose, die weiter ins Landesinnere vordrangen. Mit jeder Handbreit, die sie sich vom Meer entfernten, wurden sie unabhängiger von ihm. Sie entwickelten robuste Stengel und Blätter, und bald gab es Schachtelhalme und Farne.

a

b

c

■ Die Pflanzen eroberten Millionen von Jahren vor den Wirbeltieren das Festland. Zuerst waren es die Moose (a), dann die Schachtelhalme (b) und schließlich die Farne (c).

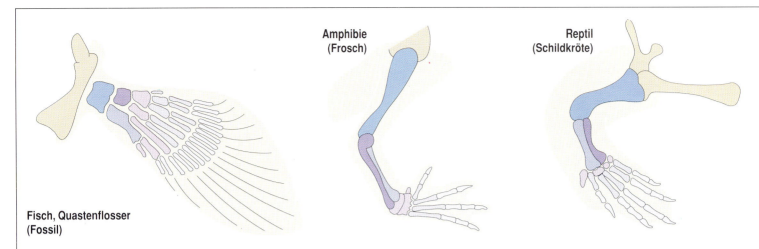

Amphibie (Frosch)

Reptil (Schildkröte)

Fisch, Quastenflosser
(Fossil)

26. November: Tausendfüßler, Spinnen, Skorpione
Schließlich wagten sich am 26. November, vor 350 Millionen Jahren, auch die Tiere aufs Trockene. Als erste gingen die Tausendfüßler an Land, denn sie waren Pflanzenfresser und fanden schon ein reiches Nahrungsangebot vor. Die Skorpione folgten ihnen auf dem Fuße: Für sie war ein Tausendfüßler ein Leckerbissen, der einen schon aus dem schützenden Wasser locken konnte. Bald vermehrten sie sich, und es gab zahlreiche Tausendfüßler, Skorpione und Schaben an Land. Wen würde dieser reich gedeckte Tisch wohl als nächstes anlocken?

Fische auf dem Trockenen

27. November
Die Frage ist schnell beantwortet: der Überfluß an Nahrung zog die Wirbeltiere an. Außerdem war das Klima nicht mehr so feucht, Flüsse und Seen trockneten allmählich aus und wurden zu Rinnsalen und Tümpeln. Zwischen den nun viel kleineren Gewässern gab es ausgedehnte Sumpflandschaften. Es war eine Frage des Überlebens, sich für das Landleben zu rüsten. Einige Süßwasserfische, die stärkere Flossen hatten als ihre Artgenossen, benutzten sie, um auf der

■ Dieser Quastenflosser namens *Latimeria* ist der einzige heute noch lebende Verwandte der ersten Fische, die sich an Land wagten. Wie seine Vorfahren hat er starke Flossen, die er wie Beine benutzen und damit kurze Strecken an Land zurücklegen kann.

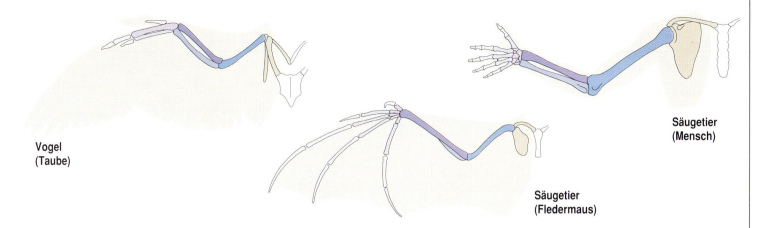

**Vogel
(Taube)**

**Säugetier
(Fledermaus)**

**Säugetier
(Mensch)**

Nahrungssuche über die Sumpfebenen von einem Tümpel zum nächsten zu kriechen. Sie gebrauchten ihre Flossen wie Beine. Außerdem konnten sie auch Luft atmen, denn sie hatten ihre Schwimmblase zu rudimentären Lungen umfunktioniert.

Aus diesen Lungenfischen mit ihren kräftigen Flossenbeinen entwickelten sich die landlebenden Wirbeltiere. Ein Vertreter dieser Spezies, der Quastenflosser *Latimeria*, lebt noch heute vor der Küste Madagaskars. Von der Verwandtschaft zwischen Wirbeltieren und Lungenfischen zeugen vor allem die Beine der Amphibien und Reptilien, die Flügel der Vögel und der Fledermäuse und die Arme der Menschen und Menschenaffen. All diese vorderen Gliedmaßen sind gleich aufgebaut wie die Flossen der Lungenfische. Unterschiede in den Proportionen sind dadurch entstanden, daß sich die verschiedenen Arten an unterschiedliche Lebensräume anpassen mußten. Damals jedenfalls waren diese Art Gliedmaßen unseren Lungenfischen sehr nützlich. Auf der Suche nach Wasser krochen sie über das Festland, wo sie reichlich

urzeitliche Pflanzen, Insekten, Spinnen und Skorpione vorfanden, und nicht nur das: das immense Gebiet wurde noch nicht von Raubtieren heimgesucht, daher konnten sie sich völlig ungehindert vermehren! Ein Schlaraffenland, das eine ganze Weile nur für diese Urahnen der Wirbeltiere reserviert blieb, waren sie doch durch ihre Besonderheit die einzigen größeren Tiere, die sich außerhalb des Wassers bewegen konnten.

Das Reich der Amphibien

29. November: Die Amphibien entstehen
Nun entwickelten sich die Amphibien aus den Lungenfischen. Ihr Name kommt aus dem Griechischen und bedeutet, daß sie sowohl zu Lande als auch im Wasser leben. Am 29. November, vor 330 Millionen Jahren, erschienen die ersten von ihnen. Sie konnten sich bereits schneller und besser als ihre Vorfahren zu Lande fortbewegen und Luft atmen. Doch ganz vom Wasser unabhängig waren auch sie

■ Eine fossile Ameise, eingeschlossen in einen Tropfen Harz, der im Laufe von Jahrmillionen zu Bernstein wurde. Die Insekten, zusammen mit den Spinnen und Krebstieren, gehörten zu den ersten, die das Festland bevölkerten.

noch nicht: Sie mußten ihre Haut immer feucht halten und die Eier im Wasser ablegen, wie es die Frösche noch heute tun. Aus den Eiern schlüpfte eine Art Kaulquappe mit flossenbesetztem Schwanz. Dieser war sehr nützlich, denn der erste Teil ihres Lebens spielte sich im Wasser ab. Die Kaulquappe wuchs heran, bekam Beine und Lungen und verwandelte sich so allmählich in das erwachsene Tier, das auf dem Festland lebte.

Ende November waren die Bedingungen auf der Erde ideal für Amphibien: es regnete viel, und in den Ebenen gab es zahlreiche Sümpfe und Wasserlöcher. Außerdem war es sehr warm, und in diesem Treibhausklima gediehen Schachtelhalm und Farn und wurden bis zu 30 m hoch. So entstanden ausgedehnte, feuchtwarme Wälder mit vielen Insekten, Spinnen und Schaben. Die Amphibien konnten nach Herzenslust fressen, es war genug für alle da. Die vielen Tümpel und Teiche waren oft ganz von ihren Eiern, dem Laich, bedeckt. Die ersten Amphibien sahen nicht wie Frösche aus, man sollte sie sich eher ähnlich wie die Salamander vorstellen. Weil sie immer genug zu fressen hatten, erreichten manche von ihnen die imposante Länge unserer heutigen Krokodile.

3. Dezember: Die Herrschaft der Amphibien geht zu Ende
Die Amphibien beherrschten die Welt bis zum 3. Dezember, vor 280 Millionen Jahren. An diesem Tag änderte sich das Klima, es wurde heißer und die Niederschläge nahmen ab. Die Tümpel trockneten aus, und dort, wo früher feuchte, sumpfige Ebenen gewesen waren, befanden sich jetzt ausgedehnte Wüsten. Die Wälder blieben nur entlang der Flüsse bestehen. Die Amphibien mußten sich dorthin zurückziehen und viele Arten starben aus.

Die Reptilien kommen!

Doch einige von ihnen schafften es, sich auf die Klimaänderung einzustellen. Als die Sümpfe allmählich zu Wüsten wurden, entwickelten sich manche Amphibien weiter. Um überleben zu können, mußten sie lernen, mit weniger Wasser auszukommen.

■ Die Amphibien waren 50 Millionen Jahre lang die vorherrschenden Tiere auf Erden. Der Salamander hat, wie alle modernen Amphibien, von seinen urzeitlichen Vorfahren den Körperbau und die Abhängigkeit vom Wasser geerbt.

■ Dieser tropische Laubfrosch legt seine Eier auf der Unterseite der Blätter von Laubbäumen ab. So sind die sicher vor den Laichfressern, die in den Tümpeln und Teichen leben.

■ Seine Eier sind in eine gallertartige Flüssigkeit gehüllt. Vielleicht waren solche Amphibien die Übergangsstufe zu den Reptilien, denn auch sie mußten ihre Eier außerhalb des Wassers ablegen.

Gerüstet für ein Leben in der Wüste

Der Körper eines Reptils ist extrem wassersparend, und auch seine Lebensweise ist völlig darauf ausgerichtet, mit möglichst wenig von dem kostbaren Naß auszukommen: perfekt für ein Leben im heißen, trockenen Klima der Wüste.

Die Haut besteht aus dicken, harten Schuppen, die nun nicht mehr feucht gehalten werden müssen. Sie ist fast wasserundurchlässig, denn ein Reptil kann es sich nicht leisten, Wasser durch Verdunstung zu verlieren. Auch in den Exkrementen ist kaum Flüssigkeit enthalten, alles bleibt im Körper. Die Lungen sind bereits gut ausgebildet, und die kräftigen Beine erlauben rasche Fortbewegung auch über weite Strecken.

Das Ei mit Amnion und Schale

Eines ist besonders wichtig für das Leben in trockener Umgebung: das Ei mit Amnion. Im Gegensatz zu den Amphibien können die Reptilien sich nicht mehr darauf verlassen, daß genügend Wasser und Nahrung für die Nachkommenschaft

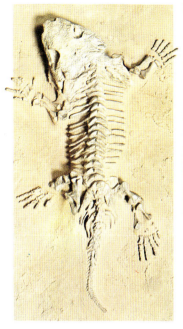

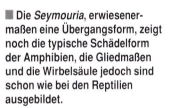

■ Die *Seymouria*, erwiesenermaßen eine Übergangsform, zeigt noch die typische Schädelform der Amphibien, die Gliedmaßen und die Wirbelsäule jedoch sind schon wie bei den Reptilien ausgebildet.

vorhanden ist. Sie müssen die Brut vor Austrocknung schützen. Das taten sie noch nicht, wie die Vögel, durch eine kalkhältige Schale, sondern durch eine lederartige Hülle, die das Innere vor Wasserverlust schützt. In dieser Hülle wächst das ungeborene Junge, der sogenannte Embryo, in einem Sack voller Flüssigkeit, dem Amnion, heran. Dieser Schutz, der auch gleich die nötigen Nährstoffe enthält, ist eine Neuerfindung der Reptilien. Sie können dadurch ihre Eier auch weit vom Wasser entfernt ablegen.

5. Dezember: Die ersten Reptilien

Die Reptilien erschienen um den 5. Dezember, vor 280 Millionen Jahren, und verbreiteten sich sofort überall auf dem Festland. Es bildeten sich mehrere Arten aus, darunter die Vorfahren der Schildkröten mit einem mächtigen Panzer, und auch einige kleine Reptilien, die Pelicosaurier. Sie ernährten sich von Insekten und waren sehr zahlreich. Nach neuesten Erkenntnissen sind sie die eigentlichen Vorfahren der Säugetiere.

6. Dezember: Das Zeitalter der Reptilien

Bald gab es keinen Ort mehr auf der Welt, der nicht von Reptilien bevölkert gewesen wäre. Man schrieb den 6. Dezember, als ihr Aufstieg begann. Bis zum 25. Dezember waren sie die erfolgreichsten, größten und vielfältigsten Tiere auf Erden. 20 ganze Tage, das entspricht in userm Kalender 200 Millionen Jahren, dauerte ihre Vorherrschaft. In dieser langen Zeit änderte sich das Klima häufig, ebenso die Fauna und Flora. Deswegen unterteilt man das sogenannte Mesozoikum, das Erdmittelalter genannt wird, in drei Abschnitte: Trias, Jura und Kreide. Es ist dies die Zeit, in der die Dinosaurier lebten.

■ In ihrem 150 Millionen Jahre langen Erdendasein haben die Dinosaurier die verschiedensten Dimensionen und Gestalten entwickelt. Es gab sowohl Riesen als auch Zwerge. Der kleinste unter ihnen, *Compsognathus*, erreichte gerade eben die Größe eines Huhns, während der größte, Brachiosaurus, viermal so lang und achtmal so schwer war wie ein ausgewachsener Elefantenbulle. Er konnte mit ausgestrecktem Hals leicht ein fünfstöckiges Haus überblicken. Vom rabengroßen *Archaeopteryx* stammen die heutigen Vögel ab, die einzigen Nachkommen der einst so artenreichen Dinosaurier.

ANKYLOSAURUS

AFRIKA-NISCHER ELEFANT

COMPSOGNATHUS

HETERODONTOSAURUS

HYPSILOPHODON

STRUTHIOMIMUS

DEINONYCHUS

BRACHIOSAURUS

DIPLODOCUS

ARCHAEOPTERYX

TRICERATOPS

PARASAUROLOPHUS

TYRANNOSAURUS

STEGOSAURUS

Die ersten Dinosaurier

Die Trias

Wir wollen nun eine Zeitlang im Trias verweilen, einem Abschnitt des Erdmittelalters, der in unserem Kalender vom 6. bis zum 10. Dezember dauert, vier Tage, die in Wirklichkeit die Zeit von vor 220 bis vor 260 Millionen Jahren bedeuten.

Die Erde in der Trias

6. Dezember
Am Anfang des Zeitalters der Reptilien gab es eine einzige, riesengroße Landmasse namens Pangäa inmitten eines unendlichen Ozeans. Wir wissen das aus wissenschaftlichen Untersuchungen und Messungen mit hochempfindlichen Spezialinstrumenten, die ergeben haben, daß unsere heutigen Erdteile auf der Erdkruste treiben wie ein Floß auf dem Meer. Amerika entfernt sich dabei immer weiter von Europa und Afrika, während letztere unendlich langsam nach Norden abdriften. Im Jahr beträgt die zurückgelegte Entfernung nur etwa 1 bis 2 cm. Verfolgt man diese Bewegung zurück, so kann man errechnen, daß sie um den 10. Dezember unseres Lebenskalenders begonnen haben muß, gerade, als die Zeit der Reptilien ihren Anfang nahm. In Südamerika und Afrika wurden auch tatsächlich Fossilien der gleichen Pflanzen und Tiere gefunden, ein weiterer Beweis dafür, daß die Erdteile einmal eine Einheit gebildet hatten. So lebten die Dinosaurier also in einer Welt, die ganz anders aussah als unsere.

Der ganze, riesige Kontinent Pangäa war noch nicht

■ Fossilien eines *Mesosaurus* (links), ein kleines Reptil, das Anfang Dezember unseres Kalenders lebte, und zwei Farne, *Glossopteryx* (Mitte) und *Gangamopteryx*.

a

b

c

In den ersten Tagen des Monats Dezember bildeten die heutigen Kontinente noch eine einzige, riesengroße Landmasse. Daher finden wir heute dieselben fossilen Tiere und Pflanzen auf verschiedenen Erdteilen.

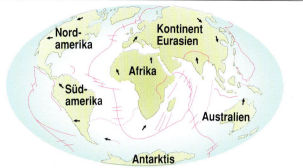

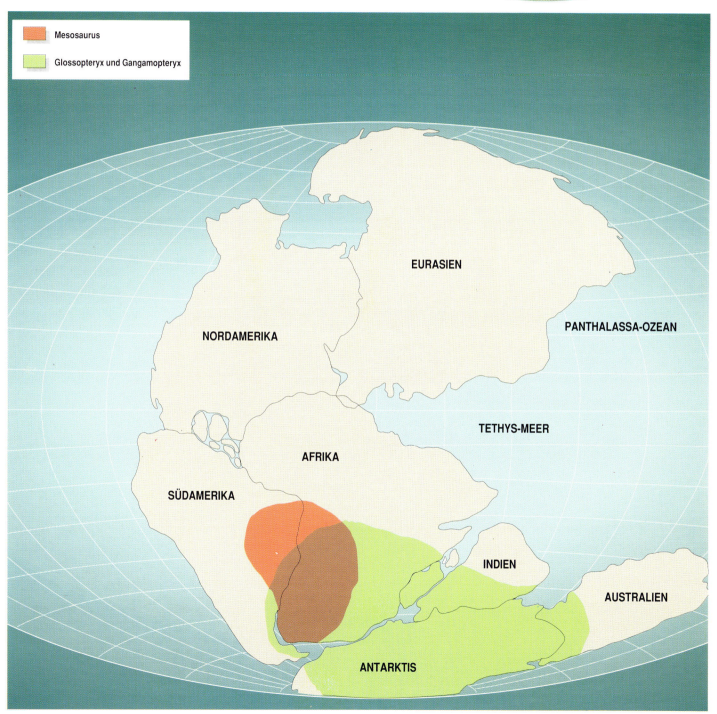

Mesosaurus

Glossopteryx und Gangamopteryx

NORDAMERIKA

EURASIEN

PANTHALASSA-OZEAN

AFRIKA

TETHYS-MEER

SÜDAMERIKA

INDIEN

AUSTRALIEN

ANTARKTIS

Die Trias (6. bis 10. Dezember) leitet das Erdmittelalter ein. Die Kontinente bestanden zum Großteil aus Wüsten und Teichen, die Salzablagerungen hinterließen.

Neue Pflanzen eroberten das Festland: Nacktsamer (19), Koniferen (18) und Cycadeen (17). Doch auch Schachtelhalm (14, 16) und Farn (15) waren zahlreich vertreten.

Im Süßwasser gab es noch riesige Amphibien (12). Doch nach und nach setzten sich auch dort Reptilien durch, die den heutigen Krokodilen ziemlich ähnlich sind.

Die Reptilien herrschten bald in allen Elementen. Die ersten Schildkröten (8) waren entstanden, und die Flugsaurier hatten den Luftraum erobert (9).

■ Manche Thecodontier lebten auf den Bäumen und stürzten sich auf der Jagd nach Insekten von dort in die Tiefe. Hier sehen wir zwei Exemplare, *Longisquama* (5) und *Kuehneosaurus* (6).

■ Auch in den Ozeanen wimmelte es von Reptilien. In den Tiefen lebten die Ichthyosaurier, am Strand fischte der langhalsige *Nothosaurus* nach Nahrung (7).

■ Das waren die ersten, echten Dinosaurier: Plateosaurus (1), Teratosaurus (2), Coelophysis (3) und Heterodontosaurus (13).

■ Etwa zur selben Zeit entstanden die ersten Säugetiere (10). Sie waren nur etwa so groß wie Mäuse, nachtaktiv und ernährten sich von Insekten.

von Gebirgsketten durchzogen, kein Binnenmeer behinderte die Dinosaurier auf ihrem Weg. So konnten die Tiere, nur ihren Bedürfnissen nach Nahrung folgend, von Küste zu Küste wandern.

Die Pflanzen

Das Klima war viel wärmer als heute und sehr trocken. Fast überall gab es ausgedehnte Wüsten, Wälder existierten nur entlang der Flüsse und an den Küsten. Die Pflanzen mußten sich an diese Bedingungen anpassen, die riesigen Schachtelhalme und Farne wurden von kleineren Arten verdrängt, die mit weniger Wasser auskamen.

Die Nacktsamer

Die am weitesten verbreiteten Pflanzen waren die Nacktsamer. Unter ihnen findet man die Cycadeen (18, 8, 11), die mit ihren langen, fransenbesetzten Blättern an Palmen erinnern, die ersten Koniferen, araukarienartige Nadelbäume (24), Eiben wie den sogenannten *Taxus baccata* (21) und auch primitive Mammutbäume (25). Sie hatten verschiedene Strategien entwickelt, die ihnen halfen, bei Trockenheit zu überleben: lange Wurzeln, die auch den letzten Tropfen Wasser in der Tiefe aufspüren konnten, eine starke, widerstandsfähige Rinde und robuste, mit einer harten Haut umhüllte Blätter bzw. Nadeln. Auch für die Fortpflanzung war gesorgt: In den kräftigen Zapfen der Nadelbäume konnten die Samen jahrelang überleben, um sofort zu keimen, wenn

Die neuen Pflanzen hatten sich gut an das heiße, trockene Klima angepaßt. Es gab Cycadeen (a, b), Texaceen (c), Araukarien (d), Koniferen und besonders Mammutbäume (d). Die meisten dienten den Pflanzenfressern unter den Dinosauriern als Nahrung.

48

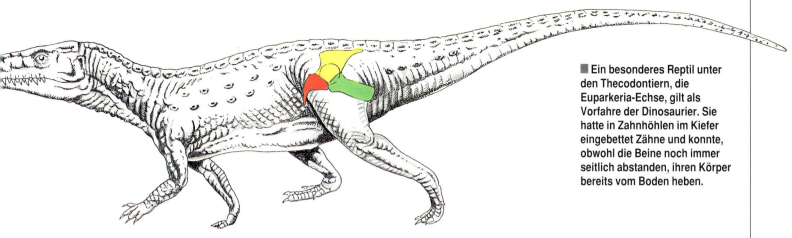

wieder einmal Regen fiel. Diese Pflanzenart war also genauso gut an die herrschenden Umweltbedingungen angepaßt wie die Reptilien. Nichts stand ihrem Erfolg im Wege. Und das war auch nötig, denn sie sollten den pflanzenfressenden Dinosauriern als Hauptnahrung dienen.

Reptilien, soweit das Auge reicht

Die Reptilien hatten nun tatsächlich den Planeten erobert. Überall, zu Wasser, zu Lande und in der Luft, gab es die verschiedensten Arten. Auf dem Festland ernährten sie sich von Insekten, Pflanzen und kleinen Amphibien. Die Rhynchocephalia waren zahlreich, sie besaßen einen großen schnabelartigen Mundfortsatz. Doch weitaus am häufigsten traf man die Thecodontier an.

Die Thecodontier

Die Thecodontier waren außergewöhnliche Tiere. Im Gegensatz zu allen anderen Reptilien hatten sie fest im Kieferknochen verankerte Zähne, die in einer Zahnhöhle saßen. Dadurch konnten sie ihre Mahlzeiten zerlegen, zermalmen oder zerreißen, je nach bevorzugtem Speiseplan. So spezialisierten sie sich auf verschiedene Nahrung: einige wurden Pflanzenfresser, andere ernährten sich von Fleisch oder Insekten. Außerdem besaßen sie auch besondere Beine. Sie waren zwar, wie bei Eidechsen und Krokodilen, nach außen gekehrt, doch etwas gerader gewachsen. Sie schafften es als erste Reptilien, ihren Körper vom Boden zu lösen. Die Thecodontier

verbreiteten sich alsbald überall auf dem Festland, in verschiedenster Umgebung. Sie lebten in trockenen Wüsten, in Sümpfen, in Tälern, auf Hochebenen, an Flüssen und Seen und in den Wäldern. Aus ihnen sollten sich die Dinosaurier entwickeln, die sie schließlich zurückdrängten und zum Aussterben verurteilten.

Die ersten Dinosaurier, kleine Fleischfresser

9. Dezember: Sie sind da!
Die Dinosaurier erschienen vor ca. 230 Millionen Jahren, in unserem Kalender am 9. Dezember. Wir hörten bereits, daß sie Nachfahren der Thecodontier sind. Besonders die kleine, wieselflinke *Euparkeria* soll ein dinosaurierähnliches Geschöpf gewesen sein. Meist lief sie auf allen vieren, doch sie konnte sich auch aufrichten und nur auf den Hinterbeinen stehen. Langsam entwickelten diese Reptilien auch die wie Säulen gerade unter dem Körper stehenden Beine, die so typisch für die Dinosaurier sind. Bisher ist es noch nicht gelungen, die Geschichte der Verwandlung der Reptilien in die Dinosaurier anhand von Fossilien lückenlos zu rekonstruieren, da die ersten von ihnen noch sehr selten waren. Einige neuere Entdeckungen in Argentinien, in Gesteinsschichten, die ebenfalls aus der Trias stammen, können zumindest ein wenig Licht in diesen Teil ihrer Geschichte bringen. Es handelt sich dabei um kleine Fleischfresser, die bereits Beine wie die klassischen Dinosaurier haben, doch auch noch

Charakteristika der Thecodontier aufweisen. Die Wissenschaft glaubt, hier tatsächlich die ersten der »Schrecklichen Echsen« gefunden zu haben. Die Stammväter der Dinosaurier sind also kleine, zweibeinige Fleischfresser.

Coelophysis

Dieser war zwar viel kleiner als ein Mensch, doch mit seinem langen Hals und dem schlangenartigen Schwanz konnte er eine Länge von 3 m erreichen. Er hatte die schlanken Beine eines schnellen Läufers, kurze Arme mit Klauen zum festen Umklammern der Beute, spitze Zähne und große, scharfe Augen. Er ernährte sich von Insekten, Kleinreptilien, Eidechsen und Amphibien. Wenn er lief, streckte er höchstwahrscheinlich den Hals gerade nach vorne und hielt mit dem Schwanz seinen Körper im Gleichgewicht. Durch eine rasche Schwanzbewegung zur einen oder anderen Seite konnte er blitzschnelle Richtungs-

Plateosaurus

änderungen vornehmen oder aus vollem Lauf stehenbleiben. Heute macht es der mittelamerikanische Nandu, der übrigens Modell stand für die Figur des »Roadrunner« in Comics und Zeichentrickfilmen, genauso.

Die ersten Pflanzenfresser

Bald nach den Fleischfressern tauchten auch die Pflanzenfresser unter den Dinosauriern auf. Sie waren Vierbeiner und obwohl sie noch einiges von den gigantischen Dimensionen späterer Zeiten trennte, erreichten sie im Vergleich mit den Fleischfressern imposante Körpergröße.

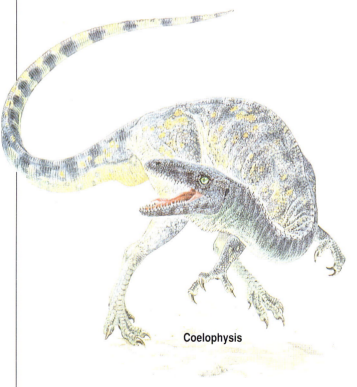

Coelophysis

■ *Coelophysis* hatte typische Raubtierzähne und -klauen und den schlanken, leichten Körperbau eines leistungsfähigen Läufers.

■ Der *Plateosaurus* war einer der ersten pflanzenfressenden Dinosaurier. Etwas korpulenter als ein Elefant, setzte er seine scharfen Krallen zur Verteidigung ein. Wahrscheinlich lebte er mit anderen Artgenossen in größeren Herden zusammen.

■ Links: Ein Coelophysis lauert einem Heterodontosaurus auf.

■ Ein Heterodontosaurus auf der Flucht. Aufgerichtet auf den beiden Hinterbeinen konnte er wahrscheinlich sehr schnell laufen.

Der *Plateosaurus* erreichte bereits eine Länge von 8 m. Ein Elefant mit Rüssel kommt dagegen gerade auf 6 m. Er lief auf allen vieren, richtete sich jedoch von Zeit zu Zeit auf, um die zarten Blätter an den äußersten Enden der Zweige zu erreichen. Er hatte keine Waffen, die zur Verteidigung gegen die Raubsaurier getaugt hätten. Wahrscheinlich lebte er deshalb in Herden, denn das Risiko, gefressen zu werden, wurde so für jeden einzelnen geringer.

Der *Heterodontosaurus* war viel kleiner, er maß nur ca. 1,20 m. Sein besonderes Merkmal sind zwei lange, dolchartige Hauer die genau in zwei Hohlräume im Oberkiefer paßten. Wahrscheinlich hatten nur die Männchen solche Eckzähne, die ihnen bei der Revierverteidigung oder bei der Eroberung eines Weibchens behilflich sein sollten. Auch er lief auf allen vieren, doch vielleicht richtete er sich auf, wenn er besonders schnell fliehen mußte: Seine Hinterbeine sind länger als die vorderen.

Der Stammbaum der Dinosaurier

Bereits an den ersten fleisch- und pflanzenfressenden Dinosauriern kann man erkennen, daß die Form des Beckens sie in zwei große Gruppen unterteilt: *Coelophysis* und Plateosaurus waren Saurischier, denn ihr Becken ist gebaut wie das der Echsen, während Heterodontosaurus zu den Ornithischiern, den Vogelbecken-Dinosauriern, gehört.
Durch ihre Beine waren die Dinosaurier viel weiter entwickelt als alle anderen Tiere ihrer Zeit. Sie konnten schnell laufen, springen und weite Strecken zurücklegen. So schafften sie es auch, relativ schnell auf dem gesamten Kontinent Pangäa vertreten zu sein.
Durch die verschiedenen Lebensräume, die sie dort vorfanden, entwickelten sich die unterschiedlichsten Gattungen. Noch 150 Millionen Jahre, bis zum 25. Dezember unseres Kalenders, sollte ihr Erdendasein dauern.

■ Dieses Reptil namens *Cynognathus* ist ein Urahne der Säugetiere. Es erreichte eine Länge von 1 m und erinnerte mehr an einen Hund als an eine Echse. Vor allem die gut ausgebildeten Reiß- und die mächtigen Backenzähne lassen an ein Wolfs- oder Hundegebiß denken.

Auftritt der Ursäuger

9. Dezember

Fast gleichzeitig mit den Dinosauriern erschienen die Ursäuger. Diese stammen ebenfalls von einer Gruppe von Reptilien, den Terapsidiern, ab. Vor einigen Millionen Jahren noch hatten diese die Erde in großer Zahl bevölkert.

Eierlegende Säugetiere

Die ersten Säuger, die sich aus diesen Reptilien entwickelten, waren nicht größer als Mäuse. Sie hatten die typischen, kleinen, spitzen Zähne der Insektenfresser und die großen Augen der nachtaktiven Tiere. Im Schutze der Dunkelheit gingen sie auf die Jagd nach Spinnen und Insekten, kleinen Amphibien und Reptilien. Sie waren Warmblüter und hatten außerdem einen dicken Pelz, der ihnen ermöglichte, dann zu jagen, wenn die kaltblütigen Reptilien wegen der niedrigen Temperaturen schlafen mußten. Wahrscheinlich legten sie, wie heute das Schnabeltier, Eier, säugten ihre Jungen aber bereits. Als Warmblüter, noch dazu mit gerade unter dem Körper stehenden Beinen, waren sie die höchstentwickelten aller landlebenden Tiere ihrer Zeit. Dennoch blieben sie zwergenhaft klein und wagten sich nur nachts hinaus, so lange die Dinosaurier herrschten. Anscheinend waren jene doch nicht so dumm, wie man gemeinhin annahm, da sie die Säugetiere trotz ihrer hohen Entwicklungsstufe in Schach halten konnten.

Eine riesige Familie!

Es waren schon erstaunlich viele verschiedene Gattungen, die aus den Thecodontiern von einst hervorgingen. Da waren einmal die Krokodile, die heute noch in den tropischen Ländern zu Hause sind. Ein anderer Zweig der Thecodontier brachte die Flugsaurier hervor. Und schließlich die große Familie der Dinosaurier mit all den verschiedenen Arten, von den Saurischiern, die sich wiederum in Sauropodomorpha, das heißt »Echsenfüßer« und Theropoda, die sogenannten »Raubtierfüßer« einteilen lassen, bis zu den Ornithischiern, zu denen die gepanzerten Echsen gehören. Als einziger Zweig dieses großen Stammbaums sind die Vögel erhalten geblieben, die aus einer Saurischier-Gattung hervorgingen. Sie sind die direkten Nachfahren der Dinosaurier.

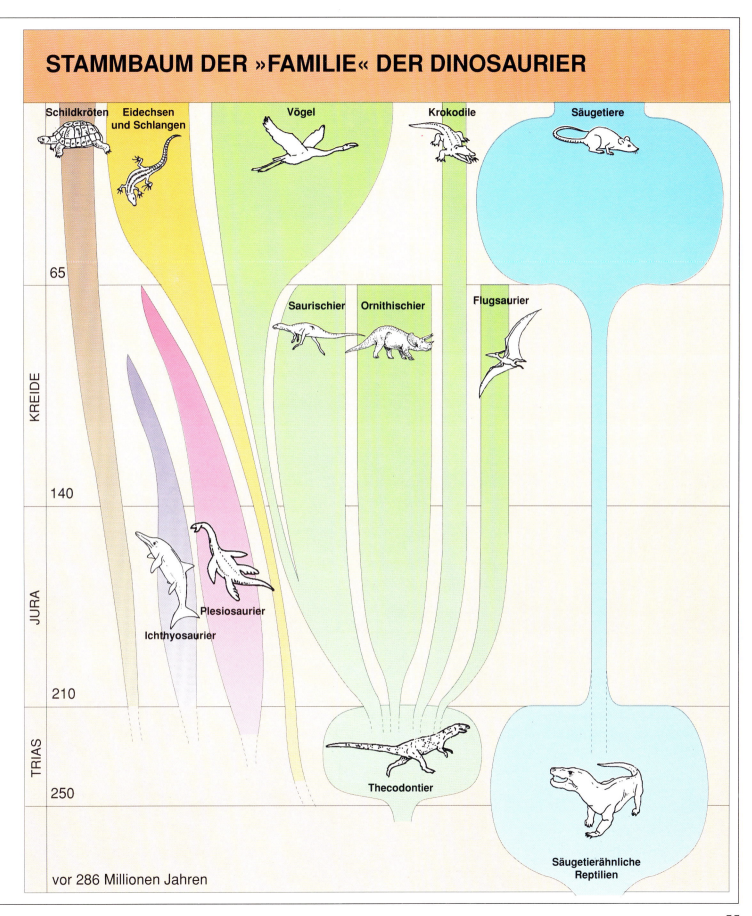

STAMMBAUM DER »FAMILIE« DER DINOSAURIER

Schildkröten

Eidechsen und Schlangen

Vögel

Krokodile

Säugetiere

65

KREIDE

Saurischier

Ornithischier

Flugsaurier

140

Plesiosaurier

Ichthyosaurier

JURA

210

TRIAS

Thecodontier

250

Säugetierähnliche Reptilien

vor 286 Millionen Jahren

Urwälder und Giganten

Der Jura

Ein anderer Abschnitt des Erdmittelalters nennt sich Jura. Er dauert vom 10. bis zum 17. Dezember unseres Kalenders, umspannt also die Zeit von vor 220 bis vor 150 Millionen Jahren. Mittlerweile waren fast alle Wüsten wieder von üppiger Vegetation überwuchert, denn das Klima hatte sich erneut geändert: Zwischen den Trockenperioden gab es immer wieder auch eine Regenzeit.

■ Wälder waren weit verbreitet, Farne (17-18), Cycadeen (19-29) und Koniferen (16) kamen am häufigsten vor. Die ersten Ginkobäume (15) mit fächerartigen Blättern erscheinen.

■ Die Säugetiere (6) waren noch sehr klein und gingen nur nachts auf die Jagd nach Insekten. Sie waren Beuteltiere wie die heutigen Känguruhs.

■ Die Reptilien befanden sich auf dem Höhepunkt ihrer Entwicklung. Es gab reichlich Eidechsen (4), der Ichthyosaurus (10) und der Plesiosaurus (9) hatten sich die Meere untertan gemacht.

■ Die Flugsaurier (14) zählten noch nicht zu den Dinosauriern, sie waren geflügelte Reptilien. Ihre Flügel bestanden aus einer dünnen, zwischen dem Arm und einem sehr langen Finger gespannten Haut.

■ Auf dem Festland herrschten die Dinosaurier. Zu den Pflanzenfressern zählten der kleine *Dryosaurus* (5) ebenso wie die Riesen Diplodocus (2), Brachiosaurus (13) und der Stegosaurus (11).

■ Die Fleischfresser waren klein wie der *Compsognathus* (12), oder imposant groß wie der Allosaurus (3) und der Ceratosaurus (8).

■ Der außergewöhnlichste unter ihnen ist sicherlich *Archaeopteryx*, der ein Federkleid trug und als Stammvater der heutigen Vögel gilt.

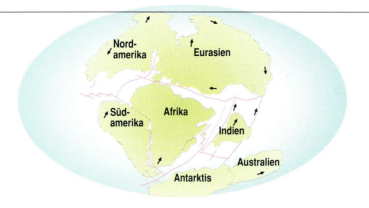

■ Das Meer brach in den Superkontinent Pangäa ein und teilte ihn allmählich in zwei Teile. Europa und Asien bildeten danach im Norden einen Erdteil, Afrika und Südamerika im Süden. Australien war mit der Antarktis verbunden, Indien ragte als Insel aus dem Ozean.

Die Erde im Jura

12. Dezember

Am 12. Dezember, vor 200 Millionen Jahren, war das Meer in den Riesenkontinent Pangäa eingedrungen und hatte ihn in zwei Teile gespalten. Einer der so entstandenen Erdteile umfaßte das heutige Nordamerika, Europa und Asien, der andere Südamerika und Afrika. Am Südpol befand sich die Antarktis mit Australien, Indien ragte als Insel aus dem Ozean.

Fressen, ohne selbst gefressen zu werden

Die Dinosaurier waren nun bereits auf allen Erdteilen vertreten und hatten sich an die jeweils herrschenden Umweltbedingungen angepaßt. Die verschiedene Größe der Pflanzenfresser bestimmte auch ihren Speiseplan. Der Stegosaurus hielt sich an die niedrigen Farne in Bodennähe, während die riesigen Sauropodomorpha hohe Bäume abweideten. Bei den Fleischfressern war es nicht anders. Auch sie

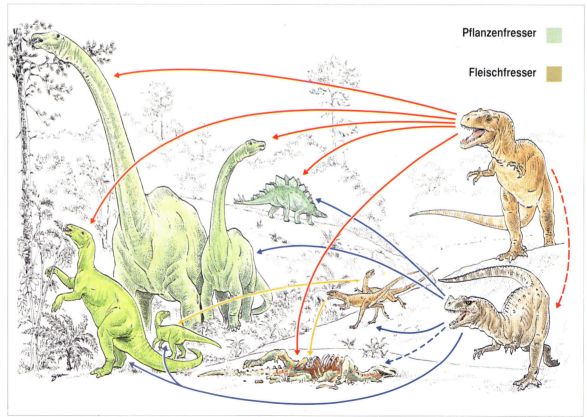

Pflanzenfresser

Fleischfresser

■ Die Spezialisierung der einzelnen Arten auf einen individuellen Speiseplan gewährleistet Nahrung für alle. Die Pflanzenfresser weiden in verschiedenen Höhen: der Diplodocus in den Baumwipfeln, der *Iguanodon* in mittlerer Höhe, Stegosaurus und die kleineren Arten in Bodennähe. Die großen Fleischfresser wie Allosaurus und Ceratosaurus jagen die Giganten, die kleineren erbeuten Jungtiere und zwergwüchsige Reptilien. Auch Aas wird nicht verschmäht.

Jahrelang war die Wissenschaft der Ansicht, der Diplodocus und alle anderen großen Echsenfüßer hätten in Sümpfen und Meeresbuchten gelebt. Heute ist man zur Überzeugung gelangt, daß sie Landbewohner waren und sich von Pflanzen des Festlandes ernährten.

spezialisierten sich auf bestimmte Beutetiere. Die kleineren unter ihnen jagten die Jungen der großen Pflanzenfresser, während der größere Allosaurus und der Ceratosaurus sich an den erwachsenen Tieren gütlich taten. Auch Aas verschmähten sie nicht. Seit jeher sind die fleischfressenden Arten die schlimmsten Feinde der Pflanzenfresser, und so tobt ständig ein harter Konkurrenzkampf zwischen ihnen: die einen wollen fressen, die anderen nicht gefressen werden. Fiel man einem Räuber zum Opfer, starb man ohne Nachkommen, daher war es ratsam, zu fliehen und sich auch diverser anderer Mittel zu bedienen, um zu überleben. Einige Pflanzenfresser wurden einfach riesengroß, damit sie eine weniger leichte Beute darstellten. Doch weil das Nichterlegen der Beute auch für den Raubsaurier den Tod bedeutete, entwickelte er seinerseits immer mehr Kraft, Ausdauer und Geschicklichkeit. Dieses Kräftemessen trug viel zur Entwicklung der Dinosaurier bei.

Die Pflanzenfresser

Die Echsenfüßer oder Sauropodomorpha stammen vom Plateosaurus der Trias ab. Sie waren die größten

Lebewesen, die je einen Fuß auf die Erde gesetzt haben. Einen Fuß, wohlgemerkt. Denn das größte Tier, das je existiert hat, ist der Blauwal. Mit einer Länge von 30 m und dem stolzen Gewicht von 130 Tonnen wiegt er gleichviel wie 22 ausgewachsene Elefantenbullen und ist immerhin so lang wie fünf von ihnen. Doch da er ausschließlich im Meer lebt, kann er den Dinosauriern, die, wie wir gleich hören werden, das Festland bewohnten, keine Konkurrenz machen.

Festland- oder Sumpfbewohner?
Die riesigen Echsenfüßer hatten einen sehr kleinen Kopf mit großen Nasenöffnungen, die oberhalb der Augen saßen, wie man auf der nebenstehenden Abbildung gut sehen kann. Normalerweise befinden sich diese Höhlen vor oder unter den Augen. Aus diesem Grunde glaubten die Wissenschaftler lange Zeit, daß der riesige Diplodocus und andere Echsenfüßer in Sümpfen und Meeresbuchten lebten, und nur ihr Kopf wie das Periskop eines Unterseebootes aus dem Wasser ragte. Der Auftrieb hätte ihnen dabei geholfen, ihr großes Körpergewicht zu tragen. Doch in letzter Zeit ist man von dieser Theorie völlig abgekommen, denn das Wasser übt in einer Tiefe von 9 m, dort, wo man etwa den Thorax vermuten würde, bereits einen so hohen Druck aus, daß die Lungen des Dinosauriers zerquetscht worden wären und das arme Tier jämmerlich ersticken hätte müssen. Außerdem hat man die Fußabdrücke eines Apatosaurus – ein naher Verwandter des Diplodocus – an einstigen Stränden gefunden, ein Beweis, daß er auf dem Festland zu Hause war. Zur Zeit ist man gemeinhin der Ansicht, daß alle Echsenfüßer Landbewohner wie unsere heutigen Elefanten, die übrigens die gleichen oberhalb der Augen liegenden Nasenhöhlen aufweisen, gewesen sind. Die Größe der Hohlräume bedeutet nichts weiter, als daß sie einen gut ausgeprägten Geruchssinn hatten.

Nasen-
höhlen
Augen

■ Schädel eines Diplodocus

Der *Brachiosaurus*, der Größte unter den Giganten, war 23 m lang, das entspricht, um bei unserem Vergleich zu bleiben, viermal der Länge eines Elefantenbullen. Er wog soviel wie acht von ihnen, an die 50 Tonnen. Seine Vorderbeine, die viel länger waren als die hinteren, erinnern ebenso wie der lange, aus riesengroßen Wirbeln bestehende Hals an eine Giraffe. Er konnte den Kopf 16 m hoch, bis zum Dach eines fünfstöckigen Hauses, heben. So erreichte er mit seinen scharfen Zähnen die Wipfel der Mammutbäume, wo er die zartesten Blätter abweidete.

Der *Diplodocus* maß ca. 4 Elefantenlängen, das sind 24 m. Da seine Knochen hohl waren, brachte er dennoch nicht mehr als 12 Tonnen auf die Waage. Auch er hatte einen ausgesprochen langen Hals, mit dessen Hilfe er noch in 12 m Höhe Blätter und Früchte erreichen konnte. Sein Schwanz war flexibel und beweglich wie eine Peitsche. Die kleinen, stiftförmigen Zähne benutzte er allerdings nicht, wie man lange Zeit glaubte, zum Abrupfen zarter Wasserpflanzen.

Ein Landbewohner. Oft schon hat man den Diplodocus im Sumpf vermutet und auch auf zahlreichen Zeichnungen so dargestellt. Doch wie wir heute wissen, hätte er dort nicht einmal atmen können. Er muß fast an Land gelebt haben, seine fünfzehigen, elefantenähnlichen Beine sind ein wichtiges Indiz dafür. Und die spitzigen Zähne halfen ihm wohl, hartblättrige Festlandpflanzen abzureißen. Man hat bei fossilen Saurierskeletten auch oft an der Stelle, wo man den Magen vermutete, eine Menge kleinerer Steine gefunden. Diese wird der Dinosaurier zusammen mit den Pflanzen verschluckt haben, ähnlich, wie es die Hühner heute tun. Die Steine sollten helfen, die

■ Rechts: Ein Brachiosaurus-Paar in einem Wald aus Mammutbäumen.

■ Ein Diplodocus verteidigt sich: seine spitzen Krallen und der peitschenartige Schwanz sind wirksame Waffen gegen Räuber.

Nahrung im Kaumagen zu zerkleinern. Er stellte sich ab und zu auf die Hinterbeine und stützte sich mit dem Schwanz ab, um die obersten Blätter in den Baumwipfeln zu erreichen, und wenn er von Räubern angegriffen wurde, konnte er sich in dieser Stellung besser verteidigen. Zuweilen teilte er auch empfindliche Schläge mit dem Schwanz aus.

Leben in der Herde

Aus versteinerten Fußspuren geht hervor, daß der Diplodocus in Herden durch das Land zog. Die Jungtiere wurden dabei in die Mitte genommen, damit sie bei eventuellen Angriffen besser geschützt waren. Auf der Suche nach neuem Weideland legten sie um 7 km in der Stunde zurück. Man kann davon ausgehen, daß alle Echsenfüßer in solchen Herden lebten wie der Diplodocus.

Die Stegosaurier

Sie waren die größten gepanzerten Dinosaurier, die wir bisher kennen. Ein Vertreter dieser Gattung wurde an die 9 m lang und sah ziemlich ungewöhnlich aus. Seine Vorderbeine waren viel kürzer als die hinteren, sodaß er seinen verhältnismäßig sehr kleinen Kopf nur knapp über dem Boden hielt. Dort weidete er die kleinwüchsigen Farne ab und zermalmte sie zwischen

zahnlosen Kiefern. Zwei Reihen knöcherner Platten verliefen seitlich versetzt über seinen Rücken bis zum Schwanzende, wo einige furchterregende, spitze Stacheln saßen, die an den Morgenstern eines Piraten erinnerten. Diese bizarre Waffe sollte Raubtiere abschrecken.

Rätselhafte Rückenplatten

Die typischen Rückenplatten des Stegosaurus bestanden aus Knochensubstanz und waren von zahlreichen feinen Blutgefäßen durchzogen. Man hat viel über die Bedeutung dieses eigenartigen Panzers gerätselt. Heute ist man allgemein der Ansicht, sie hätten der Erwärmung durch Sonnenenergie und der Kühlung bei Wind gedient, denn der Körper konnte durch sie sowohl Wärme aufnehmen als auch abgeben.

Ein Wärmespeicher

Ein weiterer Umstand könnte für die Giganten unter den Dinosauriern von Vorteil gewesen sein: ein riesiger Körper schreckt nicht nur Raubtiere ab, er verliert auch nur sehr langsam Wärme. Die Dinosaurier hatten vielleicht eine hohe Körpertemperatur, die sie ohne größere Schwierigkeiten aufrechterhielten, wie die Warmblüter heute. Ein Riesenvorteil, denn warmes Blut bedeutet mehr Energie, mehr Aktivität. Waren womöglich alle Dinosaurier Warmblüter?

Das fossile Skelett eines Stegosaurus gab den Wissenschaftlern Rätsel auf. Zuerst wußte man nicht so recht, was man mit den knöchernen Rückenplatten anfangen sollte. Schließlich nahm man an, daß sie versetzt in zwei Reihen über den Rücken verliefen. So könnten sie als Temperaturregulierung gedient haben.

Der Allosaurus war stark, geschickt und sehr schnell. Er wurde bis zu 12 m lang und wog dabei nur ein bis zwei Tonnen. Ein gigantischer Räuber in Leichtbauweise!

Die Fleischfresser

Neben den pflanzenfressenden Riesen entwickelten sich auch neue Fleischfressergattungen, die stark und kräftig waren und ebenfalls eine imposante Größe erreichten. Sie liefen aufrecht auf ihren zwei muskulösen, langen Hinterbeinen und konnten so ihre Beute blitzschnell packen und mit mächtigen Hieben niederstrecken. Mit Hilfe der kurzen, mit spitzen Klauen bewaffneten Arme töteten sie ihr Opfer, um sogleich die messerscharfen Zähne in sein Fleisch zu graben. Oft verloren sie ein oder zwei ihrer effizienten Kauwerkzeuge dabei, denn meist hatte das Beutetier eine ziemlich harte oder gar gepanzerte Haut. Doch das machte ihnen nicht lange zu schaffen: Dinosaurierzähne wuchsen sehr schnell und in unbegrenzter Anzahl nach.

Der *Allosaurus* war der häufigste Fleischfresser. Ihm fielen vor allem der Diplodocus, aber auch Brachio- und Stegosaurier zum Opfer. Das ist uns heute bekannt, weil oft ein oder zwei Allosauruszähne bei Skeletten dieser Tiere gefunden wurden. Diese paßten jeweils zu den Zahnabdrücken auf den Knochen, die oft mehr wie Messerstiche aussahen.

Der *Ceratosaurus* besaß als besonderes Merkmal zwei dolchartige Hörner, eines auf der Nase und eines in Augenhöhe. Auf Seite 19 sehen wir, wie er in der Gruppe jagt. Zusammen mit einigen Artgenossen konnte sich der Ceratosaurus sogar an so große Beutetiere wie den Diplodocus oder den Brachiosaurus heranwagen. Auch der Allosaurus ging oft im Rudel auf die Jagd, denn diese Strategie versprach eindeutig mehr Erfolg.

Gefiederte Dinosaurier

Um den 17. Dezember tauchten die ersten Dinosaurier dieser neuen, außergewöhnlichen Art auf. Sie erreichten nur etwa die Größe eines Raben und waren, wie diese, gefiedert. Einmal wurde der Kadaver eines verendeten Tieres gleich nach seinem Tod in Schlamm und Sand begraben und versteinerte im Laufe von Jahrmillionen. So fand man, als die fossilen Überreste ausgegraben wurden, auch Abdrücke von Federn. Eine kleine Sensation! Sogleich nannte man ihn *Archaeopteryx*, was soviel wie »Antike Feder« bedeutet. *Archaeopteryx* hatte einen langen, aus Wirbeln bestehenden Schwanz, zahnbesetzte Kiefer und an den Flügeln drei fingerartige Klauen, die die heutigen Vögel nicht mehr besitzen.

Die Wissenschaftler glauben, daß sich *Archaeopteryx* nicht in die Lüfte schwingen konnte. Ihm fehlt der Teil des Brustbeins, an dem bei den Vögeln die zum Flügelschlagen benötigten Muskeln ansetzen. Auch waren seine Schwingen nicht sehr robust. Insgesamt hält man das Tier für zu schwer, und der lange Schwanz hätte beim Flug nur das Gleichgewicht gestört. Oder er kletterte mit Hilfe der Klauen an Beinen und Vordergliedmaßen auf Bäume, breitete dort die Flügel aus und segelte im Gleitflug herab.

Unterwegs schnappte er nach Insekten, die seine Hauptnahrung waren. Er könnte auch während des Laufens hochgesprungen und ein wenig dahingeflattert sein, wie man es bei Hühnern oft sieht.

Ein Urvogel

Der *Archaeopteryx* ist eine Übergangsform zwischen Dinosauriern und Vögeln. Weitere Fossilienfunde erhärten immer wieder den Verdacht, daß unsere gefiederten Freunde die direkten Nachkommen der Dinosaurier sind. Kurz nach dem 17. Dezember traten die ersten von ihnen auf, und sie hatten sogleich großen Erfolg. Kein Wunder, konnten sie doch laufen wie die Dinosaurier, und darüber hinaus noch fliegen. Wahrscheinlich waren sie darin besser als die Flugsaurier. Diese gab es zwar in großer Zahl, doch sie konnten sich nicht so gut fortbewegen, besonders am Boden zeichneten sie sich durch Tolpatschigkeit aus und verletzten sich oft die viel zu empfindlichen Flügel an Büschen und Sträuchern. Die Vögel hingegen perfektionierten ihr Flugverhalten und ihren Körperbau. Die fingerartigen Fortsätze verschwanden, das Skelett der Flügel wurde robuster, Brustbein und Brustmuskeln entwickelten sich immer kräftiger. So eroberten sie alsbald die Lüfte.

■ Fachleute glauben heute, daß der *Archaeopteryx* nicht fliegen konnte. Vielleicht kletterte er auf Bäume und stürzte sich von dort mit ausgebreiteten Flügeln herab. Oder er lief am Boden entlang und sprang von Zeit zu Zeit hoch, um zu flattern, wie man es bei Hühnern oft sieht. Dabei könnten sich in seinen Schwingen Insekten verfangen haben, die er herauspickte und fraß.

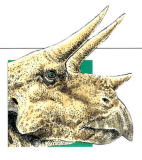

Glanz und Niedergang

Die Kreide

Wir sind nun bereits am 17. Dezember unseres Kalenders angekommen. Von diesem Tag bis zum 25. Dezember dauert der dritte Abschnitt des Erdmittelalters, die Kreide. Sie umspannt den Zeitraum von vor 150 bis vor 70 Millionen Jahren.

■ Die Dinosaurier haben in dieser Periode den Zenit ihrer Entwicklung erreicht und sind dann, zusammen mit vielen anderen Tierarten, einem Massenaussterben zum Opfer gefallen.

■ Die Angiospermen, Pflanzen mit Früchten und Samen, erscheinen: Magnolien (26), Papyrus (29), Palmen (31), Seerosen (27). Die für die Bestäubung verantwortlichen Insekten verbreiten sich (2). Koniferen (30), Schachtelhalme (28) und Farne kommen ebenfalls vor.

■ In den Flüssen gibt es neue Fischarten: Schlammfische, die sogenannten Amiae (10) und Störe (11). Die Amphibien waren klein: Salamander (20) und Frösche (21).

■ Die primitiven Vögel, Nachkommen der Dinosaurier, machten den Flugsauriern bereits mit einigem Erfolg den Luftraum streitig. Wasservögel (6, 9, 16) kamen häufig vor.

■ Auf dem Festland waren die Dinosaurier die Könige. Die Pflanzenfresser trugen Panzer: Torosaurus (3), Ankylosaurus (18). Die Hadrosaurier (24) lebten in Herden, die Pachycephalosaurier verteidigten sich, indem sie ihren Schädel als Rammbock benutzten.

■ Die Fleischfresser hatten es auf unterschiedliche Beute abgesehen. Die Ornithomimidae (17) fingen Kleintiere, während der Deinonychus (23) und der Tyrannosaurus (14) größere Tiere angriffen.

■ Die Säugetiere waren noch klein (5), sie fraßen Insekten und auch Fleisch. Die Jungen entwickelten sich bereits im Körperinneren des Muttertieres und mußten nicht mehr im Beutel heranwachsen.

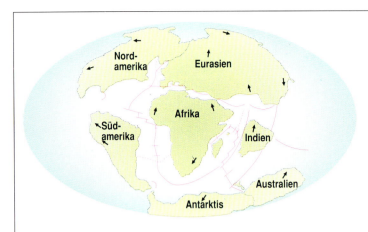

Muskel

■ Am Nackenschild des Triceratops setzten mächtige Muskeln an, die der Bewegung der Kiefer dienten.

Die Erde in der Kreidezeit

17. Dezember

An diesem Tag, vor 150 Millionen Jahren, waren Afrika und Südamerika bereits durch den Atlantischen Ozean getrennt, und Nordamerika entfernte sich immer weiter von Europa. Es herrschten nun nicht mehr ständig so hohe Temperaturen, der Wechsel der Jahreszeiten begann, sich bemerkbar zu machen.

Die Pflanzenfresser

In den dichten, ausgedehnten Wäldern, in den Weiten der Tiefebenen, in den Sümpfen und Steppen fanden die pflanzenfressenden Dinosaurierarten Nahrung im Überfluß. Sie brauchten nur zuzugreifen, es war fast wie im Schlaraffenland. Besonders für diejenigen, die ein Kiefer mit Zähnen besaßen, denn die Zweige und Blätter der Hartlaubgewächse waren nicht gerade leicht zu kauen. Daher entwickelten manche von ihnen im Laufe der Zeit hochkomplizierte Gebisse, um die sie unsere Kühe und Pferde nur beneiden könnten. Die Ränder ihrer Zähne waren rasiermesserscharf, und sobald einer ausfiel, rückte sogleich Ersatz für ihn nach, denn die Giganten besaßen gleich mehrere Reihen davon. So hatten sie niemals Lücken in ihrem leistungsfähigen Kauapparat. Die neue Generation der Pflanzenfresser erreichte zwar nicht mehr die imposanten Dimensionen der Echsenfüßer aus dem Jura, war aber immer noch sehr groß. Die Hälse der Dinosaurier waren kürzer geworden, und meistens hielten sie den Kopf gesenkt, weil sie ihre Nahrung vor allem im Unterholz fanden. Doch auch ihre Feinde, die Fleischfresser hatten sich verändert, schneller und

■ Unter jedem Zahn saß eine Reihe von Reserveexemplaren im Kieferknochen. Wenn einer ausfiel, rückte sofort Ersatz nach. Die Zähne an Ober- und Unterkiefer wirkten wie eine Schneidezange.

Oberkiefer

Vertikale Zahnreihe

Unterkiefer

stärker waren sie geworden waren. Es bedurfte dringend neuer Verteidigungsstrategien gegen sie. Jede einzelne der großen »Schrecklichen Echsen« schützte sich auf ihre Art: Einige bedeckten sich mit Panzern, andere ließen sich Hörner und schreckliche Krallen wachsen. Die meisten lebten in Herden, denn, wie man weiß, bietet die Masse dem einzelnen immer Schutz. Die Raubdinosaurier hatten alles andere als ein leichtes Leben.

Bewaffnete Pflanzenfresser

Der *Triceratops* mußte mit zwei Problemen gleichzeitig fertigwerden, um zu überleben. Zum einen waren die Blätter der Cycadeen, seiner bevorzugten Nahrungspflanze, extrem hart, und zum anderen lauerten ihm ständig große Fleischfresser wie der Tyrannosaurus auf. Deshalb hatte er im Laufe der Zeit messerscharfe Zähne, die Holz und Blätter wie ein Häcksler zerkleinern konnten, und einen dicken Panzer sowie mächtige Hörnern auf dem vorderen Schädel entwickelt. Er war zu einer wandelnden Festung geworden. Sein massiver Körper mit dem kurzen Schwanz erinnert ein wenig an ein Nashorn, wenn auch die Dimensionen nicht ganz stimmten: Seine Gesamtlänge betrug 9 m, wovon der immense Kopf allein schon 2,50 m einnahm. Die drei langen Hörner auf dem Gesichtsschädel stellten eine gefährliche Waffe dar. Er konnte den Kopf senken wie ein Stier, oder plötzlich wenden und seine Hörner mit der gesamten Wucht einer halben Tonne Lebendgewicht dem Angreifer in den Körper rammen. Er hatte außerdem einen papageienschnabelartigen Kiefer, mit denen er ganze Äste abschnitt wie mit einer Baumschere. Mit der Zunge schob er den Bissen dann weiter nach hinten in die Mundhöhle, wo er von zahlreichen scharfkantigen Zähnen zerkleinert wurde. Zur Bewegung dieses mächtigen Kauapparates brauchte er starke Muskeln, die an seinem großen, knöchernen Halsschild ansetzten. Dieser Schild diente bei Überfällen auch gleichzeitig als Schutz für die weniger gut gewappneten Teile seines Körpers. Der *Triceratops* lebte in größeren Herden. Wenn eine solche angegriffen wurde, stellten sich die Männchen wahrscheinlich schützend vor die Weibchen und Jungtiere, ähnlich, wie es die heutigen Büffel tun, und

■ Der *Triceratops* lebte in großen Herden. Wenn ein Angreifer sich näherte, schirmten die Männchen Jungtiere und Weibchen ab, indem sie dem Feind ihre gehörnten Schädel entgegenstreckten.

boten dem Feind so eine schier undurchdringliche Mauer aus spitzen Hörnern.

Der *Iguanodon*. Überall dort, wo die Landschaft ausgedehnte Ebenen bot, wenn möglich mit Sümpfen und Wäldern, traf man den Iguanodon, den meistverbreiteten Pflanzenfresser dieser Zeit, an. Auch er lebte in Herden wie der Triceratops. Er war 9 m lang und wog eine halbe Tonne. Damit er auch die obersten Blätter der Bäume erreichen konnte, stellte er sich auf die Hinterbeine und streckte sich. Sein pferdeartiger Gesichtsschädel endete in einer Art Schnabel, einem effizienten Schneidewerkzeug, mit dem er den robusten Pflanzen zu Leibe rückte. Erst schnitt er sie ab, sammelte sie dann in seinen Backen wie ein Hamster, um sie schließlich in den hinteren Teil der Mundhöhle zu schieben, wo er sie zwischen den

starken, mit Hunderten Zähnen besetzten Kiefern zermalmte. Auch er besaß eine wirkungsvolle Waffe: eine mächtige Klaue an beiden Daumen. Dieser eingebaute Dolch war scharf wie eine Rasierklinge, und selbst ein Angreifer wie der Tyrannosaurus konnte trotz seiner dicken, harten Haut ernste Verletzungen davontragen, wenn er sich mit dem starken und kräftigen Iguanodon anlegte.

Der *Ankylosaurus*. Bei den gefährlichen Fleischfressern, die in dieser Zeit die Gegend unsicher machten, war es bei einer eventuellen Begegnung von großem Vorteil, gut gepanzert zu sein. Das hatten die Ankylosaurier bei der Entwicklung ihrer Verteidigungsstrategie besonders gut bedacht. Vom Kopf bis zur Schwanzspitze waren sie mit knöchernen Platten und Stacheln bestückt. Am Schwanzende

trugen sie eine große Verdickung, die gefährlich aussah und auch oft zum Einsatz kam: griff ein Tyrannosaurus an, schwang das Tier seinen Schwanz wie eine Keule und teilte damit empfindliche Schläge aus, die oft bewirkten, daß sich der Angreifer wieder zurückzog. Mit ihren fünf Tonnen Körpergewicht waren sie langsame, schwerfällige Tiere. Sie bewohnten die Wüstenzonen, wo sie in großen Herden auf Wasser- und Nahrungssuche umherzogen.

Friedliebende Pflanzenfresser
Der *Hypsilophodon*. Doch nicht nur die Waffe, auch die Flucht ist ein probates Mittel, wenn es darum geht, nicht

■ Ein Ankylosaurus verteidigt sich mit Keulenschlägen gegen den Angriff eines Tyrannosaurus.

■ Dieser Hypsilophodon, ein *Dryosaurus*, hat den leichten, schlanken Körperbau eines schnellen Läufers.

gefressen zu werden. Der Hypsilophodon war perfekt dafür ausgerüstet. Aufgerichtet auf seinen Hinterbeinen war er schnell wie eine Gazelle und brach sämtliche Geschwindigkeitsrekorde: der schnellste Läufer seiner Zeit. Den langen Schwanz hielt er dabei ausgestreckt, denn er diente zum Steuern und zum Halten des Gleichgewichts. Durch sein hochspezialisiertes Gebiß konnte er sich von hartfaserigen Pflanzen ernähren. Auch er bevorzugte das Leben in der Herde. Gemeinsam mit Weibchen und Jungtieren zog er viel herum, bis er auf dem gesamten Planeten vertreten war. Selbst in der Nähe des Südpols scheint es den Hypsilophodon gegeben zu haben. Die Winter waren sehr kalt in dieser Gegend,

Pachycephalosaurier maßen ihre Kräfte im Kampf um ein Weibchen oder ein Revier vermutlich ähnlich wie heute die Widder: sie rammten ihre Köpfe gegeneinander.

und wahrscheinlich herrschte sogar drei Monate lang Polarnacht. Alle anderen Tiere wanderten zu dieser Zeit in wärmere Gegenden ab oder verfielen in Winterstarre, während der Hypsilophodon aktiv blieb. Seit man diesen Umstand 1992 entdeckt hat, steht man neuerdings vor einer schon bekannten Frage: Sollten die Dinosaurier etwa Warmblüter gewesen sein?

Der *Pachycephalosaurus* verdankt seinem Namen der eigenwilligen Kopfbedeckung, die er trug. Pachycephalus bedeutet nichts anderes als »Dickschädel«. Eine treffende Bezeichnung: die runde, helmartige Schädeldecke konnte an ihrer Oberseite bis zu 25 cm dick werden. Vermutlich maßen sich die Männchen zu Paarungszeiten im Kampf um die Weibchen, indem sie nach Widderart die Schädel aneinander rammten.

Der *Hadrosaurus* gehörte zu den größten Pflanzenfressern der Kreidezeit. Schon ein Jungtier wurde 3 m lang, ein ausgewachsenes Männchen maß bis zu 12 m. Seine Hinterbeine waren im Vergleich zu den vorderen Gliedmaßen kräftig entwickelt, was darauf schließen läßt, daß er wahrscheinlich auf zwei Beinen lief. Man kennt ihn auch unter dem Namen »Entenschnabel-Dinosaurier«. Der schnabelartige Mundfortsatz ist aber auch das einzige, das er mit Enten gemeinsam hat. Er wurde zwar oft im Wasser dargestellt, ist aber eindeutig ein Landbewohner. Auch er besaß einen effizienten Kauapparat, der ihn befähigte, sogar die robustesten Hartlaubgewächse zu verzehren. Im Schutze der Herde fühlte er sich sicherer vor Raubtieren.

Das Leben in der Herde
Das Zusammenleben mit mehreren Artgenossen bringt viele Vorteile, man ist Räubern gegenüber besser geschützt. Doch auch Probleme können auftreten: Streit um die Nahrung oder um ein Weibchen ist nur eines von vielen Beispielen. Zur Beilegung solcher Streitigkeiten ist eine gewisse Rangordnung nötig. Einige Mitglieder der Gemeinschaft müssen Autorität ausüben, damit die Ordnung respektiert wird. So gibt es in jeder Herde dominante Leittiere, und andere, die diesen untergeordnet sind. Damit man auch sogleich erkennt, wer hier das Sagen hat, tragen die Leittiere meist die größten Hörner, die stärksten Farben oder ein anderes Zeichen ihres sozialen Ranges. Da dieses Gesetz im gesamten Tierreich gilt, liegt der Schluß nahe, daß es bei den Dinosauriern nicht anders war.

Die Hadrosaurier trugen einen eigenartigen Kopfputz, der innen hohl war und womöglich Töne produzieren konnte.

Bedeutungsvoller Kopfschmuck

Bei den Hadrosauriern erfüllten die Kämme, die sie am Kopf trugen, wahrscheinlich die Aufgabe eines solches Rangabzeichens. Das dominante Männchen konnte man vielleicht an der Färbung und der Größe des kammartigen Wulstes erkennen. Oder man hielt dadurch Männchen, Weibchen und Jungtiere auseinander. Der *Tsintaosaurus* besaß zum Beispiel ein Horn auf der Stirn, der *Parasaurolophus* trug einen langen, eingerollten, vom Nasenbein bis über den Hinterkopf reichenden Kamm. Diese Kopfbedeckungen waren im Inneren hohl, was die Wissenschaftler veranlaßte, sich zu fragen, ob die Hadrosaurier damit etwa Töne erzeugen konnten. Vielleicht bevorzugten die Weibchen den Bewerber, der in der Paarungszeit am lautesten röhrte. So ist es

Ein erwachsener Maiasaurier (Mutter oder Vater?) besorgt seinen Kindern Futter. In ihrem Nest aus getrocknetem Lehm warten die Kleinen.

heute jedenfalls bei den Hirschen. All diese Erkenntnisse und Vermutungen lassen darauf schließen, daß die Hadrosaurier komplexe, soziale Strukturen entwickelt hatten. Die fossilen Nester, die entdeckt worden sind, bestätigen dies.

Gelege und Eier

Die Eier der Dinosaurier waren länglich, etwas größer als die der Strauße, doch keineswegs gigantisch. Auf der ganzen Welt wurden versteinerte Gelege aufgespürt. In der Mongolei fand man das Nest eines *Protoceratops*, doch die weitaus faszinierendste Entdeckung machte man 1978 in Montana, USA, an einem steilen Berghang. Zahlreiche Gelege mit noch geschlossenen Eiern, andere mit aufgebrochenen Schalen, daneben die Skelette von frisch geschlüpften Jungtieren und einigen erwachsenen Hypsilophodon- und Hadrosauriern hatte der Felsen über Jahrmillionen unter Verschluß gehalten.

■ Ein erwachsener Protoceratops wacht bei seinem Nest aus Sand. Die Jungen könnten jeden Moment schlüpfen.

■ Junge Maiasaurier schlüpfen im Schutz ihrer großen Mutter.

■ Dinosauriereier kommen in verschiedenen Formen vor. Die des Protoceratops (oben) sind länglich, jene der anderen Arten eher rund.

Eine kreidezeitliche Insel als Brutplatz

Um den 23. Dezember unseres Kalenders, vor 90 Millionen Jahren, war dieser Berg eine Insel in einem großen See gewesen. Jedes Jahr kamen Hypsilophodon-Saurier hierher, um ihre Nester zu bauen und Eier zu legen. Das Brüten in der Masse schützte den einzelnen und erhöhte seine Überlebenschancen.

Die Brutkolonie der Hadrosaurier

Die ebenfalls auf dieser Insel brütenden Hadrosaurier wurden Maiasaurier genannt, was soviel heißt wie »Gute Mutter«. Das Weibchen baute ein wannenförmiges, bis zu 2 m langes und 1 m tiefes Nest aus Lehm. Sie achtete darauf, der Nachbarin nicht zu nahe zu kommen: 7 m betrug der Respektabstand, das entspricht der Länge eines ausgewachsenen Tieres. Heute noch errichten die Vögel ihre Brutkolonien übrigens unter Berücksichtigung dieses Grundsatzes, eine Vogellänge Abstand muß sein! Danach wurden die ca. 20 cm langen Eier abgelegt. Ob die Maiasaurier wirklich brüteten oder die Eier nur mit Sand bedeckten, ist unklar. Jedenfalls blieben die Erwachsenen auf der Insel und bewachten das Nest, bis die Jungen schlüpften.

■ Der Struthiomimus war wahrscheinlich der schnellste Läufer seiner Zeit. Er dürfte ähnlich wie sein Namensvetter, der Vogel Strauß, lange Schritte gemacht haben.

Die Fleischfresser

In dieser von zahlreichen Pflanzenfressern bevölkerten Welt fanden die Raubtiere unter den Dinosauriern natürlich einen reich gedeckten Tisch vor. Außerdem waren sie von ihrem Körperbau her bestens auf die Jagd eingestellt. Sie hatten alle stärker entwickelte, lange Hinterbeine und waren sehr gute Läufer. Die vorderen Gliedmaßen hatten sie zu kurzen, oft mit spitzen Klauen bewaffneten Greifarmen umfunktioniert, die zum Packen der Beute geradezu perfekt waren. Manche von ihnen waren sehr groß und hatten lange, spitze Zähne, die an ein Fleischermesser erinnerten. Man nennt sie die Carnosaurier, zu ihnen gehören der *Baryonix,* der Spino- und der

Megalosaurus sowie der berüchtigte Tyrannosaurus. Es gab auch kleinere, weniger aggressive Arten wie zum Beispiel den *Struthiomimus* und den *Deinonychus,* die ebenfalls schnelle, geschickte Läufer waren. Je nach der Umgebung, in der sie lebten, spezialisierten sie sich auf bestimmte Beutetiere.

Der *Struthiomimus,* wahrscheinlich der schnellste Läufer seiner Zeit – er konnte bis zu 50 km/h erreichen – sah einem Strauß sehr ähnlich. Der kleine Kopf mit der schnabelartigen Schnauze saß auf einem langen, gelenkigen Hals. Er war nur etwa 3 m lang, nicht sehr groß und konnte deshalb leicht auch selbst einem größeren Artgenossen zum Opfer fallen. Sein Lebensraum waren die trockenen Sandwüsten und

Steppen, wo er sich von kleinen Eidechsen und
Insekten ernährte. In den weiten, baumlosen
Landschaften konnte man sich schlecht
verstecken. Einziges probates
Verteidigungsmittel war die Flucht.
Aufrecht auf seinen zwei schlanken
Beinen kontrollierte der
Struthiomimus mit scharfen Augen
ständig den Horizont. Beim ersten
Anzeichen von Gefahr ergriff er
sofort die Flucht.

Der *Spinosaurus* war
weitaus größer als ein
Mensch. Seine Länge
betrug zweimal die

Ein Spinosaurus läßt sich
seine Beute nicht so leicht
abnehmen. Er öffnet
sein Rückensegel und
zeigt zu dieser Droh-
geste die Zähne.

Ein Megalosaurus stillt seinen Hunger am Kadaver eines gestrandeten Meeresreptils. Oft übernahmen die Fleischfresser die Rolle der Gesundheitspolizei, indem sie Aas beseitigten.

eines Elefanten, 12 m. Er sah aus wie ein Tyrannosaurus mit einem großen Kamm auf dem Rücken. Dabei handelte es sich um eine Art Segel, das durch ein Gerüst aus langen, stachelartigen Knochen gespannt gehalten wurde. Kein anderer Dinosaurier kann eine vergleichbare Besonderheit aufweisen. Dieses Rückensegel könnte Feinde und Reviergegner abgeschreckt, aber vielleicht auch zur Wärmeaufnahme, wenn er es in die Sonne hielt, oder zur Kühlung des Körpers bei Hitze gedient haben.

Der *Megalosaurus* vor allem war es, den die Pflanzenfresser in der Kreidezeit zu fürchten hatten. Er war weit verbreitet und griff sogar die riesigen Echsenfüßer wie den Brachiosaurus an. Auch er sah

dem Tyrannosaurus ziemlich ähnlich, war jedoch flinker und besaß längere Arme, mit denen er seine Beute in eiserner Umklammerung halten konnte. Seine Länge betrug 9 m, und er brachte eine halbe Tonne auf die Waage. Obwohl er ein ausgesprochen guter Jäger war, gelang es ihm nicht immer, das gejagte Tier tatsächlich zu erlegen. Daher verschmähte er auch Aas nicht, um seinen Hunger zu stillen.

Der *Barionyx* war etwa zweimal so groß wie ein Mensch und ebenfalls 9 m lang. Er lebte in der großen, mit Flüssen und Seen durchzogenen Tiefebene, die sich zu seiner Zeit über ganz Frankreich bis nach Südengland erstreckte. Sein Kopf erinnert an den eines Krokodils. Seinen Namen verdankt er der großen Daumenkralle,

■ Der Gesichtsschädel des Barionyx erinnert an ein Krokodil. Vielleicht lauerte auch er Fischen mit weit aufgesperrtem Maul auf.

■ Unten: Hier die knöcherne Klaue des Barionyx, die er möglicherweise zum Fischen verwendete.

die er an seinen Gliedmaßen trug, er bedeutet: »mächtige Klaue«. Da es in den Flüssen und Seen damals von Lepidosiren, großen, lachsartigen Fischen, wimmelte, nimmt man an, daß er mit diesem dolchartigen Instrument im seichten Wasser auf Beutezug ging. Daß er sich von solchen Fischen ernährte, ist erwiesen, weil man ihre Gräten zwischen seinen Zähnen entdeckte. Da man in der Gegend des Magens noch andere Gräten fand, setzt man voraus, daß er hauptsächlich Fisch fraß. Jedenfalls war das seine letzte Mahlzeit gewesen.

Der *Tyrannosaurus* schließlich ist das größte aller Raubtiere, das je auf Erden existierte. Seine gesamte Körperlänge betrug zweimal die eines Elefanten, 12 m also, und seine Höhe war die eines zweistöckigen Hauses, 6 m. Der riesige Kopf allein war schon 1 m lang, seine Hinterbeine sehr kräftig. Die vorderen Gliedmaßen muten dagegen geradezu verkümmert und zwergenhaft klein an. Wenn wir den auf Seite 17 abgebildeten Zahn betrachten und seine Länge mit der unserer Hand vergleichen, sind wir bereits beeindruckt. Umsomehr, wenn wir erfahren, daß neben jedem solchen messerartigen Zahn mit gezackter, scharfer Kante noch ein weiterer, etwas kürzerer saß. Dies war sozusagen sein Ersatzgebiß: Kaum fiel ein Zahn aus, rückte der zweite auch schon nach und schloß die Lücke. So war der Kauapparat des Tyrannosaurus stets bereit, die enorme Menge an Nahrung für seine sechs Tonnen Lebendgewicht mit Haut und Knochen zu zerkleinern.

■ Großes Bild: Der gefürchtete Tyrannosaurus verfolgt einen Hadrosaurus, der durch das Wasser zu entkommen versucht.

■ Die vorderen Gliedmaßen des Tyrannosaurus waren so kurz, daß er sie nicht zur Nahrungsaufnahme verwenden konnte. Ihr einziger Zweck lag darin, ihrem Besitzer beim Aufstehen behilflich zu sein.

■ Das schrecklichste Raubtier aller Zeiten hieß aller Wahrscheinlichkeit nach Deinonychus. Er war flink und wendig und schlug seine Beute mit Hilfe der dolchartigen Krallen, die er an der zweiten Zehe beider Füße besaß. Er konnte diese Tötungsinstrumente nach unten drehen.

Die zwar muskulösen, aber kurzen Hinterbeine weisen darauf hin, daß er kein besonders guter Läufer war. Wahrscheinlich hatte er einen schaukelnden, watschelnden Gang, ähnlich wie eine Gans. Es könnte gut sein, daß seine Hauptnahrung aus Aas bestand und er nur selten jagte. Wenn er das tat, hat er wahrscheinlich seiner Beute irgendwo aufgelauert, denn Verfolgung war wohl nicht seine Stärke. Eher fiel er seine Opfer aus einem sicheren Versteck an und erlegte sie mit einem Schlag seiner krallenbesetzten Arme, oder aber mit einem raschen, tödlichen Biß. Sein kräftiger, muskulöser Nacken läßt darauf schließen, daß er ruckartige, schnelle Kopfbewegungen ausführen konnte. Die Arme taugten kaum zur Jagd, auch nicht zur Nahrungsaufnahme, denn sie waren einfach zu kurz und reichten nicht einmal bis zu seinem Maul. Ihr einziger Zweck könnte gewesen sein, dem Tyrannosaurus das Aufstehen zu erleichtern, wenn er sich hingelegt hatte oder gefallen war.

Der *Deinonychus.* Nun, der größte Räuber mag der Tyrannosaurus gewesen sein, doch keineswegs der furchtbarste. Dieses Attribut gebührt eher einem anderen Fleischfresser, der besonders wild, schnell und intelligent war, wenn auch viel kleiner: Wir sprechen vom Deinonychus. Er wog nicht mehr als 70 bis 80 kg, was in etwa dem Körpergewicht eines erwachsenen Menschen entspricht, und hätte einem solchen mit seinen 1,50 m nicht einmal bis zur Schulter gereicht. Allerdings betrug seine gesamte Länge immerhin 3 m. Sein besonderes Merkmal ist eine riesige, dolchartig gebogene Kralle an der zweiten Zehe eines jeden Fußes, die scharf wie ein Rasiermesser und außerdem sehr beweglich war. Wenn dieser Jäger ein Beutetier anfiel, konnte er die Kralle von oben nach unten drehen, wie wir aus fossilen Abdrücken wissen, die die Muskeln zeigen, welche zur Bewegung der Zehen dienten. Sein Name bedeutet übersetzt »Schreckliche Kralle«. Er war tatsächlich ein schrecklicher Räuber und ein sehr guter Läufer. Auch an den Armen besaß er scharfe Krallen, und sein Gebiß bestand aus 70 hakenartig gebogenen Zähnen. Da der Kopf ziemlich groß war, nimmt man an, daß auch sein Hirn eher überdurchschnittliches Volumen aufwies. Die großen Augen deuten auf einen scharfen Blick hin.

Ein brillanter, blitzschneller Jäger

Aus all diesen Indizien ergibt sich das Bild eines perfekten Räubers, der, sobald er ein Beutetier erblickte, zum Angriff ansetzte. Vornübergebeugt konnte er an die 50km/h beim Laufen erreichen, mit dem gerade nach hinten gestreckten Schwanz hielt er die Laufrichtung stabil. Er warf sich blitzartig auf sein Opfer und versetzte ihm mit einer seiner schrecklichen Krallen einen empfindlichen, oft tödlichen Hieb. Dabei mußte er eine Zeitlang auf nur einem Bein stehen. Zu dieser Jagdstrategie gehört ein ausgeprägter Gleichgewichtssinn.

Die Jagd in der Gruppe

In der Nähe eines Tenontosaurus wurden einige Deinonychus-Skelette gefunden. Eine interessante Entdeckung, die bedeutet, daß der Deinonychus Pflanzenfresser, die an die zehnmal so schwer waren, wie er selbst, zusammen mit Artgenossen erlegte. Vielleicht haben sie sich nur dann zu Gruppen zusammengeschlossen, wenn sie auf so große Beute aus waren.

Die Jagd im Rudel, wie sie die Wölfe praktizieren, erfordert große Intelligenz, denn um gemeinsam zu handeln, muß man die Pläne der anderen kennen und seine eigenen darauf abstimmen.

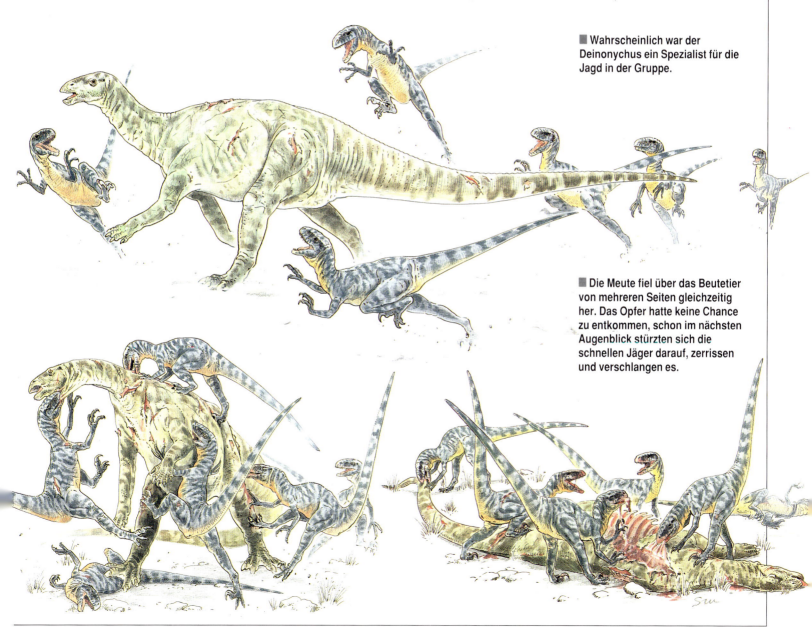

■ Wahrscheinlich war der Deinonychus ein Spezialist für die Jagd in der Gruppe.

■ Die Meute fiel über das Beutetier von mehreren Seiten gleichzeitig her. Das Opfer hatte keine Chance zu entkommen, schon im nächsten Augenblick stürzten sich die schnellen Jäger darauf, zerrissen und verschlangen es.

■ Viele Dinosaurierarten hatten den leichten, schlanken Körperbau eines leistungsfähigen Läufers und einen relativ großen Schädel. Normalerweise können nur Warmblüter schnell laufen und ein hochentwickeltes Gehirn besitzen.

Wieder die bewußte Frage

Der *Deinonychus* war also ein hochintelligenter, schneller Jäger, sah ausgesprochen gut und hatte einen ausgeprägten Gleichgewichtssinn. Um über lange Zeit hinweg schnell zu laufen, braucht ein Körper viel Energie. Alle anderen beschriebenen Qualitäten erfordern ein großes Hirn. Das wiederum kann nur bei konstanter Körpertemperatur funktionsfähig gehalten werden. Nur ein Warmblüter kann, wie wir wissen, schnell und intelligent sein. Als der amerikanische Paläontologe John Ostrom die schreckliche Waffe des Deinonychus entdeckte und herausfand, wie er sie verwendete, tauchte wieder einmal die wohlbekannte Frage auf: Kann es unter diesen Voraussetzungen überhaupt sein, daß diese Tiere Kaltblüter waren wie die heutigen Reptilien?

Oder hatten sie vielleicht doch schon warmes Blut, wie Vögel und Säuger?

Waren die Dinosaurier Warmblüter?

Hielt man sie nicht immer für schwerfällige, dumme, plumpe Riesen? Das mag schon stimmen, doch die Richtigkeit einer Meinung hängt selten von der Anzahl ihrer Befürworter ab. Nach allem, was wir in diesem Buch über die Dinosaurier erfahren haben, können wir uns dem nicht mehr gänzlich anschließen. Erstens gab es nicht nur Riesen. Der Compsognathus beispielsweise erreichte nur etwa die Größe eines Huhns. Es mag wahr sein, daß die großen Pflanzenfresser, die Sauropodomorpha, und auch große Räuber wie der Tyrannosaurus langsam und schwerfällig waren. Doch viele andere zeichneten sich durch Schnelligkeit, Geschicklichkeit und Ausdauer aus. Die besten Beispiele hierfür sind der Struthiomimus und der Deinonychus. Was ihre Intelligenz angeht, kann man im allgemeinen sagen, daß sie von der Größe der Hirnmasse abhängt. Da gibt es unter den Dinosauriern sicher einige, die ein sehr kleines Hirn besaßen, das jedoch für die Erfordernisse eines Reptillebens völlig ausreichte. Andere wiederum, besonders die Fleischfresser, hatten ein ausgesprochen großes Hirn.

Warmes oder kaltes Blut?

Kaltblütige Tiere wie die heutigen Reptilien können ihre Körpertemperatur nicht von innen heraus regulieren. Sie sind immer von der Außentemperatur abhängig. So wärmen sie sich in der Sonne auf, und bevor ihr Blut zu heiß wird, flüchten sie in den Schatten. Sie besitzen keinen Schutz gegen Wärmeverlust, deshalb sind sie auch nachts oder im Winter, wenn es kalt ist, nicht aktiv. Vögel und Säugetiere hingegen haben immer dieselbe Körpertemperatur, 35 bis 40 Grad, die sie selbst aufrechterhalten und regulieren können. Wenn es kalt ist, schützt sie eine Fettschicht, ein Pelz oder ein Federkleid vor Wärmeverlust, wenn es zu warm ist, kühlen sie sich durch Schwitzen, Hecheln oder andere Mechanismen.

■ Die Anzahl der bisher gefundenen Dinosaurierfossilien weisen auf ein Verhältnis von 20:1 zwischen Pflanzen- und Fleischfressern hin. Sollten die Raubdinosaurier wirklich Warmblüter gewesen sein, hätten sie genügend Nahrung vorgefunden.

Die Pflanzenfresser

Der immens schwere Brachiosaurus, der mehr wog als vier Elefanten zusammen, hätte täglich über eine Tonne Pflanzen fressen müssen, um zu überleben. Ein Elefant nimmt tatsächlich etwa 250 kg zu sich. Doch man kann sich nicht vorstellen, wie ein einziger Organismus die vierfache Menge in nur 24 Stunden aufnehmen und verdauen hätte können. Daher ist die Wissenschaft der Meinung, daß die großen Pflanzenfresser Kaltblüter waren, doch aufgrund ihrer enormen Masse eine hohe Körpertemperatur hatten.

Die Fleischfresser

Wenn die Fleischfresser Warmblüter gewesen sein sollten, hätten auch sie eine Menge Nahrung benötigt. Es müßten ihnen daher ziemlich viele Beutetiere zur Verfügung gestanden sein. Bei den Säugetieren der afrikanischen Savanne beträgt das Verhältnis von Pflanzenfressern zu Fleischfressern etwa 20:1. Ein bekannter amerikanischer Paläontologe, Robert Bakker, hat versucht, die Anzahl der fossilen Pflanzenfresser jener der Raubdinosaurier gegenüberzustellen und hat dasselbe Resultat errechnet: Auf 20 Pflanzenfresser kommt jeweils ein Fleischfresser. Dieser Umstand könnte ein Beweis für die Warmblütigkeit der Dinosaurier sein.

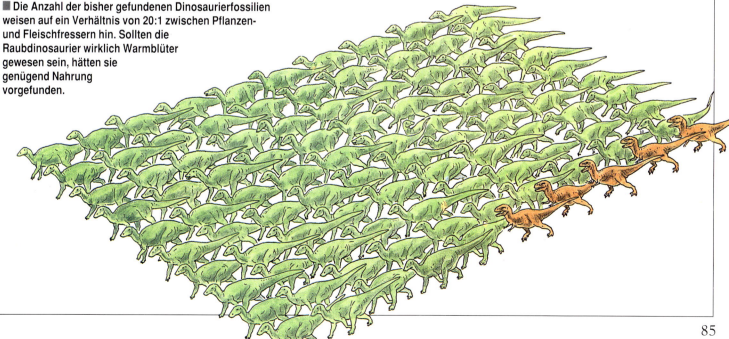

Das große Sterben

Ein Zeitalter geht zu Ende

Wer ausstarb und wer überlebte
Oberhalb der Gesteinsschichten, die sich vor 65 Millionen Jahren gebildet hatten, wurde kein einziges Dinosaurierfossil mehr gefunden. Kein Knochen, kein Skelett, auch kein Nest, ja nicht einmal ein Fußabdruck.

Alle sind sie verschwunden: vom Hadrosaurier bis zum Entenschnabel, vom Tyrannosaurus mit seinen scharfen Zähnen bis zum dreigehörnten Triceratops, und auch von den schlanken, schnellen Hypsilophodon-Dinosauriern blieb keine Spur. Viele anderen Tier- und Pflanzenarten starben gleichzeitig mit ihnen aus. Die geflügelten Reptilien, die Flugsaurier, verschwanden ebenso wie die Plesio- und

WANN UND WIEVIELE MILLIONEN JAHRE HABEN DIE HELDEN DIESES BUCHES GELEBT?			
	Trias	Jura	Kreide
PLATEOSAURUS			
COELOPHYSIS			
HETERODONTOSAURUS			Während der 150 Millionen Jahre ihres Erdendaseins sind immer wieder neue Dinosaurierarten entstanden, während andere ausstarben. Sie wurden also nicht alle am Ende der Kreide ausgelöscht.
CERATOSAURUS			
ARCHAEOPTERYX			
COMPSOGNATHUS			
BRACHIOSAURUS			
MEGALOSAURUS			
BARIONYX			
SPINOSAURUS			
STEGOSAURUS			

Ichthyosaurier, die im Meer lebten und den heutigen Robben und Delphinen ähnlich sahen. Auch die Ammoniten, die Vorfahren der Muscheln und Schnecken, die so häufig gewesen waren, überlebten nicht. Genausowenig, wie die winzigen Foraminiferen mit ihrer kalkhaltigen Schale, die die oberen Schichten der Ozeane bevölkert hatten. Die Erde scheint auf einen Schlag ihren Artenreichtum verloren zu haben. Nur kleinere Tierarten waren die Auserwählten, die überleben durften: Säugetiere und Vögel, und unter den Amphibien Frösche und Salamander. Von all den Reptilien blieben nur die Krokodile, Schlangen, Eidechsen und Schildkröten übrig.

Ein Massensterben
Eine gleichzeitige Auslöschung so vieler Arten auf der gesamten Erde gab es insgesamt fünfmal in der

Geschichte unseres Planeten. Die Paläontologen sprechen von einem solchen Massenaussterben, wenn sie eine beträchtliche Verminderung der Fossilienarten in einer bestimmten Gesteinsschicht feststellen. Dies ist für die Wissenschaftler ein Zeichen für das Ende eines Zeitalters. Das Aussterben der Dinosaurier bedeutet das Ende des sogenannten Mesozoikums, des Erdmittelalters, und den Beginn des Tertiärs.

Warum starben sie aus?

Vermutungen und Spekulationen
Das Aussterben der Dinosaurier beschäftigte die Menschheit, seit sie von der Existenz dieser Tiere Kenntnis hat. Jeder hegt den verständlichen Wunsch, die Ursachen zu ergründen, oft jedoch werden dabei

	Trias	Jura	Kreide
ALLOSAURUS			
IGUANODON			
HYPSILOPHODON			
PACHYCEPHALOSAURUS			
DIPLODOCUS			
TRICERATOPS			
ANKYLOSAURUS			
HADROSAURUS			
STRUTHIOMIMUS			
TYRANNOSAURUS			
DEINONYCHUS			

mehr Vermutungen und Vorurteile herangezogen als wissenschaftliche Tatsachen. Die wenigsten wissen zum Beispiel, daß außer den Dinosauriern auch noch viele andere Tierarten verschwunden sind. Und noch weniger bekannt ist die Tatsache, daß das Aussterben einer Art ein völlig normaler Vorgang in der Evolution ist. Häufig ist man auch der Ansicht, daß alle Dinosaurier gleichzeitig untergingen. In Wirklichkeit waren gewisse Arten jedoch schon Millionen von Jahren vor Beginn der Kreidezeit ausgestorben. Dabei handelte es sich keineswegs um einen Massenexodus, der Millionen von Kadavern hinterließ, sondern um einen langsamen Vorgang, der mindestens fünf Millionen Jahre dauerte.

Hypothesen und Theorien
Über hundert Theorien über die Gründe des

Verschwindens dieser Tiere sind mittlerweile entwickelt worden. Wir wollen hier nur einige wenige anführen:
– die Eier wurden von den Säugetieren aufgefressen
– langsam und einfältig, wie sie waren, konnten sich die Dinosaurier nicht mehr an die Umwelt anpassen
– die Eierschalen waren zu dünn und brachen während des Brütens
– es schlüpften keine männlichen Jungtiere mehr, weil es zu kalt war (wie es heute bei den Krokodilen geschieht)
Keine dieser Theorien wird allen wissenschaftlichen Aspekten und Fakten gerecht. Oft geht man dabei auch von falschen Voraussetzungen aus. Wir wissen jetzt, daß die Dinosaurier keineswegs langsam und schwerfällig waren. Niemals hätten sie sich andernfalls mehrere Millionen von Jahren auf der Erde behaupten können.
Eine ernstzunehmende Hypothese müßte jedenfalls auch erklären, warum so viel andere Tierarten zusammen mit den Dinosauriern ausgelöscht wurden. Und natürlich sollte nicht zuletzt daraus hervorgehen, warum jene, die überlebt haben, verschont wurden.

Die Zerstörung kam vom Himmel

Der Beweis in einer Schicht Tongestein
Zwischen den Gesteinsschichten, die aus der Kreidezeit stammen, und den darüberliegenden aus dem Tertiär gibt es eine dünne, tonige Schicht, die nur etwa so breit ist wie eine Münze. Sehr gut ist sie am Apennin zu beobachten, in der Schlucht von Bottaccione, bei Gubbio. Vor 65 Millionen Jahren waren diese Felsen noch tief am Grund eines Meeres verborgen. Die Sedimente, aus denen sie bestehen, enthalten ein auf der Erdoberfläche sehr seltenes Element, das Iridium. Die gleichen Gegebenheiten wurden in anderen Teilen der Welt aufgefunden, in Dänemark, Spanien und Neuseeland. Das bedeutet, daß die Erdoberfläche vor ca. 65 Millionen Jahren einer abnormen Konzentration an Iridium ausgesetzt war. Woher kam sie so plötzlich?

Ein riesiger Meteor
Iridium mag auf der Erde selten sein, in Meteoren

Der Einschlag eines großen Meteors auf der Erde verursacht eine gewaltige Explosion, bei der eine riesige Wolke aus Staub und Gas aufsteigt. Die Dämpfe und Staubpartikel verteilen sich in der Atmosphäre und verdunkeln den Himmel. Auch Erd- und Seebeben können Folge eines so mächtigen Aufpralls sein.

Unten: Der »Meteor Crater« in Arizona. Hier schlug ein solcher Himmelsbote ein und hinterließ seine charakteristischen Spuren.

(a)

(b)

(c)

wird von vielen renommierten Wissenschaftlern unterstützt, unter ihnen besonders Geologen und Physiker, die eingehende Untersuchungen durchgeführt haben. Doch auch sie kann nicht erklären, warum bestimmte Arten verschwunden sind, während andere überleben konnten. Außerdem hat das Aussterben der Dinosaurier einige Millionen Jahre gedauert. Die Folgen eines Meteoreinschlages wären in viel kürzerer Zeit wirksam geworden.

Irdische Ursachen

Andere Forscher sind Befürworter der Theorie, daß das Iridium vulkanischen Ursprungs ist. Am Ende der Kreidezeit gab es erwiesenermaßen im heutigen Indien eine Periode verstärkter vulkanischer Aktivität. Die dabei freigesetzten Gase und die Lava stammen aus dem Erdinneren, wo hohe Iridiumkonzentrationen ebenfalls keine Seltenheit sind.

Eine tiefgreifende Veränderung der Umweltbedingungen
Viele Wissenschaftler sind nicht der Ansicht, das ein Meteoreinschlag für das Aussterben der Dinosaurier verantwortlich ist. Sie hegen vielmehr die Überzeugung, die Gründe seien in einer langsamen Veränderung der Lebensbedingungen auf Erden zu suchen.
Am Ende der Kreidezeit hatten die Ozeane bereits die Kontinente voneinander getrennt. Die seichten Meere waren verschwunden, stattdessen hatten sich Gebirgsketten aufgetürmt. Die Vulkane waren in verstärktem Maße aktiv. Die Temperaturen sanken, und auch die Meeresströmungen änderten sich. Diese Veränderungen würden das Verschwinden zahlreicher im Meer lebender Organismen erklären.
Schließlich änderten sich nach und nach auch die

kommt es jedoch in hoher Konzentration vor. Deshalb glauben viele Wissenschaftler, daß das Iridium in dieser dünnen Schicht vom Einschlag eines enormen Meteors auf der Erde stammt, der vor 65 Millionen Jahren stattfand. Solche Ereignisse sind an sich nicht selten. Spuren vergleichbarer Einschläge finden sich überall auf der Welt. Nach neuesten Erkenntnissen soll sich der von jenem Meteoreinschlag stammende Krater auf der Halbinsel Yucatán in Mittelamerika befinden.

Eine Katastrophe globalen Ausmaßes
Der Einschlag soll eine riesige Staub- und Dampfwolke aufgewirbelt haben, die den ganzen Planeten einhüllte und den Himmel verdunkelte. Ohne das für die Photosynthese nötige Licht gingen viele Pflanzen und mit ihnen zahlreiche Tiere zugrunde. Diese Theorie

In anderen Ländern

LONDON (Großbritannien)
Das Museum of Natural History besitzt eine der größten Sammlungen an Dinosaurierfossilien der Welt. Sie stammen aus Afrika, Europa, Asien und Nordamerika, darunter ein Gallimimus, Diplodocus, Triceratops und Protoceratops-Eier.

BRÜSSEL (Belgien)
Im Königlichen Naturhistorischen Museum (Institut Royal des Sciences Naturelles) finden wir die größte Gruppe von Iguanodon-Skeletten der Welt. 11 sind montiert, weitere 20 ruhen noch im Fels.

PARIS (Frankreich)
Das Naturgeschichtliche Museum (Musée d´Histoire Naturelle) zeigt Fossilien, Abdrücke und Skelette von Allosaurus, Tyrannosaurus, Diplodocus, Iguanodon, Anatosaurus und Triceratops. Die Fundstücke kommen aus allen Teilen der Welt.

NEW YORK CITY (USA)
Im Amerikanischen Naturhistorischen Museum (American Museum of Natural History) finden wir die größte aller Dinosauriersammlungen auf der Welt: Schädel, Knochen, Eier, Haut- und Fußabdrücke sind ebenso zu bewundern wie Skelette des Albertosaurus, Allosaurus, Coelophysis, Tyrannosaurus, Plateosaurus, Stegosaurus, Monoclonius, Styracosaurus und Triceratops.

WASHINGTON (USA)
Eine weitere große Sammlung ist im Smithsonian Naturhistorischen Museum (Smithsonian Museum of Natural History) zu sehen. Albertosaurus, Allosaurus, Ceratosaurus, Stegosaurus, Brachyceratops und Monoclonius sind genauso vertreten wie Triceratops und Tyrannosaurus.

JENSEN (USA)
Hier liegt das Dinosaur National Monument, ein ganzer Canyon, wo eine große Menge an Dinosaurierfossilien gefunden wurde. Die Ausgrabungen dauern an, und immer wieder macht man neue Entdeckungen in den Felsen aus der Zeit des Jura.

MAILAND (Italien)
Im Naturhistorischen Museum (Museo civico di storia naturale) finden wir die größte Dinosaurier-fossiliensammlung Italiens. Ein Triceratops, ein Stegosaurus und ein Allosaurus sind zu bewundern.

ROM (Italien)
Im Paläontologischen Museum der Universität (Museo di paleontologia) werden zahlreiche Fossilien urzeitlicher Wirbeltiere ausgestellt.

BOLOGNA (Italien)
Das Giovanni-Cappellini-Museum der Geologie und Paläontologie (Museo di geologia e paleontologia »Giovanni Cappellini«) zeigt einen Diplodocus sowie zahlreiche Fossilien von Pflanzen und anderen Tieren aus der Zeit der Dinosaurier.

■ Glück gehabt: Die kleinen Säugetiere und Vögel haben das große Sterben überlebt und nach und nach den Platz der Dinosaurier eingenommen.

■ Sind die Dinosaurier wirklich ausgestorben?
Die meisten Fachleute sind gegenteiliger Ansicht. Immer mehr fossile Indizien erhärten den Verdacht, daß die Vögel von den Dinosauriern abstammen und ihre einzigen, lebenden Nachfahren sind.

Lebensbedingungen der Dinosaurier, und allmählich starben sie aus.

Sind sie tatsächlich ausgestorben?
Vielleicht werden wir niemals sicher wissen, warum die Dinosaurier ausgestorben sind. Die Diskussion wird eifrig geführt, doch kommt man dabei auf keinen grünen Zweig. Einige Tatsachen stehen dennoch außer Zweifel. Man weiß heute ganz sicher, daß die Dinosaurier besondere Tiere waren. Als erste konnten sie sich richtig auf dem Festland fortbewegen, als erste richteten sie sich auf und wurden Zweibeiner. Sie waren die ersten, die in Herden lebten und Familien gründeten. Viele von ihnen waren flink, intelligent und geschickt. Vielleicht finden wir unter ihnen sogar die ersten Warmblüter. Sie haben 160 Millionen Jahre lang die Erde beherrscht, 16 lange Tage in unserem Kalender, länger, als alle anderen Wirbeltiere. Und was ihr Aussterben betrifft: Ganz sind sie nicht verschwunden, denn die Vögel gelten als ihre direkten Nachfahren. Und wenn in nächster Zeit einmal ein Spatz vor uns herumhüpft, sollten wir ihn gut beobachten. Er bewegt beim Laufen den kleinen Kopf nach vor und balanciert mit seinem Schwanz, und überdies stehen seine Beine direkt unter dem Körper. Ein kleiner, gefiederter Dinosaurier ist neben uns gelandet!

Besucht die Dinosaurier

Im deutschen Sprachraum

BERLIN (Deutschland)
Museum für Naturkunde der Humboldt-Universität
Invalidenstraße 43, 1040 Berlin
Das Museum zeigt mehrere Skelette aus der Jurazeit,
darunter einen Ornithomimus, einen Brachiosaurus,
der übrigens größte rekonstruierte Dinosaurier der
Welt ist, und einen fossilen Archaeopteryx.

FRANKFURT/MAIN (Deutschland)
Forschungsinstitut und Naturkundemuseum
Senckenberg
Senckenberganlage 25, 6000 Frankfurt am Main
In der interessanten Sammlung finden wir Fossilien
und Abgüsse afrikanischer, asiatischer, europäischer
und nordamerikanischer Dinosaurier, darunter
Tyrannosaurus, Diplodocus und Brachiosaurus,
Iguanodon, Stegosaurus und Triceratops.

STUTTGART (Deutschland)
Staatliches Museum für Naturkunde
Museum am Löwentor, Rosenstein 1, 7000 Stuttgart 1
Das Stuttgarter Museum bietet dem Besucher
zahlreiche Abgüsse, Skelette und Fossilien
verschiedener primitiver Dinosaurier.

TÜBINGEN (Deutschland)
Institut und Museum für Geologie und Paläontologie,
Sigwartstraße 10, 7400 Tübingen
Eine umfangreiche Sammlung erwartet uns auch in
diesem Haus: Skelette, Fossilien und Abgüsse diverser
Arten, unter anderem Diplodocus, Plateosaurus,
Iguanodon und Tyrannosaurus.

ST. GALLEN (Schweiz)
Naturmuseum, Museumstraße 32, 9000 St. Gallen
Eines der beiden einzigen Edmontosaurusskelette der
Welt ist hier aufgestellt. Das zweite befindet sich im
Naturkundemuseum Senckenberg in Frankfurt am
Main.